汲古選書 55

政論家施復亮の半生

平野　正　著

目次

政論家施復亮の半生

序章

中国では、一九九〇年代末から、施復亮について注目されるようになってきている。一九九七年以後、楊宏雨教授による施復亮の経済思想についての論文三本が立て続けに発表され、一九九九年には施復亮の生誕一〇〇年を記念して、彼の故郷浙江省金華県において『金華県文史資料』が「施復亮の百歳記念専輯」を出版している。さらに二〇〇六年には、若手の研究者の手になる施復亮の政治思想の全面的な研究を意図した大部な著書『施復亮政治思想研究』(人民出版社)も出版された。

施復亮がこのように注目されるようになった要因は、『施復亮政治思想研究』の著者の「結語」によれば、「中国近現代史上の改良思想と改良運動もまた中国現代化の歴史の構成部分で」あり、「平和建設の時代には参考にする価値がある」という観点によるものと言える。(1) また抗日戦争末期以後の施復亮の経済思想に焦点を合わせた論文の筆者楊宏雨教授も、「施氏の(経済建設)方案は全体としては否定されたとは言え、彼の経済思想と政治思想は――中間路線同様、多くの合理的な内容を含んでおり、我々が中国現代化の道を探求する中で重視するに値する(2)」として、当面の「現代化建設の中で参考に値する」ものとして、施復亮の思想の再評価をしていると見ることができる。まさに最近の中国の現代化路線に適合する政治経済思想として施復亮が注目されてきていると言ってよいであろう。

わが国においては、これより以前から施復亮研究が進められ、なかでも石川禎浩氏の研究は施復亮の初期における全面的な研究であり、施復亮の人物の性格をも含めた詳細にわたるもので、最も優れた論考であると言える。その研究は主として施復亮と中国共産党との関係に重点がおかれ、施復亮の中国共産党からの離党までが対象とされ、それ以後の彼の活動については対象とされてはいない。(3) また二〇〇七年に入ってから、必ずしも専著とは言えないが、水羽信男氏の施復亮の解放以前の全時期をあつかった著書が出版された。(4) それは氏が長年にわたって追究してきた施復亮関係の論文を基礎においたものであるが、そこでは、水羽氏は施復亮を「個の尊厳に基礎を置く」リベラリストと捉え、彼の追求した「中間路線」は一九四九年に中共が実現した中国革命とは異なった革命の方策を追究したものと高く評価して、施復亮の思想の一貫性を論考の中心にすえている。

筆者もかつて一九七九年と一九八三年に施復亮についての論文を書いたことがあるが、それらは主として抗日戦争後の時期における彼の中間路線論者としての側面を明らかにしたもので、施復亮の思想の全過程を全面的に明らかにしたものではなかった。(5) しかし最近の中国と日本における施復亮研究の進展と資料の発掘によって、施復亮の思想を全面的に明らかにすることが可能となった。それらを足がかりにして、施復亮の一九二〇年代から四〇年代における思想とその変化を明らかにしようと思う。

ここで特徴的なことは、解放前の施復亮の政治思想を見ると、彼の一九二〇年代の政治思想と一九四〇年代のそれとの間には大きな違いがあることに気づかされる。それはほとんど異質な思想と言ってもよいように思われる。ここではその違いについて見てみようと思う。

なお、ここで使用する三〇年代と四〇年代初期の資料のほとんどは広島大学の水羽信男氏の提供によるものであることをお断りしておく。

注

（1） 宋亜文『施復亮政治思想研究』（人民出版社 二〇〇六年）二七八頁。

（2） 楊宏雨「抗戦勝利前後施復亮経済建設思想述論」（『復旦学報』一九九七年六期）、同「論施復亮的戦後中国経済改造観」（『中国経済史研究』一九九七年三期）。
なお同じ筆者には「施復亮第三条経済路線述論」（『南京社会科学』一九九八年四期）があるというが、筆者未見。

（3） 石川禎浩「若き日の施存統」『東洋史研究』五三巻二号 一九九四年九月）、同『施存統と中国共産党』（『東方学報』京都第六八冊 一九九六年）

（4） 水羽信男『中国近代のリベラリズム』（東方書店 二〇〇七年）。これに対しては菊池一隆の批判的書評「水羽信男著『中国近代のリベラリズム』」（『現代中国研究』第二四号 二〇〇九・三・三一）がある。

（5） 拙稿「一中国人日本留学生の軌跡——施復亮の場合」（『FUKUOKA UNESCO』第一四号 一九七九年、同「中間路線論から民主統一戦線論へ——施復亮の思想的変化」（西南学院大学『文理論集』第二四巻 第一号 一九八三年八月）

第一章　革命的三民主義と革命的国民党

政論家施復亮は、一九一〇年代、封建的束縛に対する反感から、それと戦う道をアナーキズムに求め、さらに二〇年代に入ると、その戦いの武器をマルクス主義に求め、共産主義者としての道を歩き始めた。その後共産主義青年団の指導的幹部として活動していたが、健康を害してその活動から遠のいた。この時、戴季陶の働きかけで国民党に接近し、孫文と会うことによって三民主義への傾倒を深めていき、国民党にも加入した。その彼が共産党を脱退して国民党にとどまる政治的な転換をしたのは、国共分裂によってもたらされた。

彼が中国共産党から離脱し国民党にとどまったいきさつについては、国共合作が決裂した後の一九二七年八月末に、施復亮が『中央日報』副刊に発表した「悲痛な中での自白」(1)なる文書によって明らかにされている。

中国共産党の創立期の一人であり、かつて共産主義青年団の中心的指導者として活躍してきた彼の共産党からの離脱は、大きな波紋を呼び起こした。しかしこの文書の中には、彼の国民党への思いと共産党にたいする見方、およびこれ以前の国民党・共産党両党への関係がつぶさに語られている。それによれば、彼と国民党および共産党との関係は以下のようである。

「悲痛な中での自白」によると彼が国民党に加入したのは、一九二二年の七・八月ごろ戴季陶に国民党への加入を勧められたことによると言う。この時、彼は三民主義とマルクス主義とが矛盾するものではないと説明され、「詳細な考慮の末」国民党へ加入したと言う。その後、孫文とも話し合って、「民生主義は社会政策ではなく、社会主義である」との説明を受け、「三民主義を信じる一方、マルクス主義を信じることとが矛盾するものではないと思い」国民党に加わったと言う。つまり彼が国民党に加入して、「跨党党員」となったのは中国共産党が国共合作を決める一年も前のことであった。(2) そして彼は孫文の死後、彼の三民主義を深く研究して、各地でその研究の結果を演説などで「系統的に発表してきた」。この国民党にあった六年間、大きな力を尽くし、その「言論行動はみな（国民党あるいは孫文主義に対して）忠実であった」。このことから、彼は自らを「三民主義に忠実な信徒であり、忠実な国民党員であった」と述べている。

では忠実な国民党員であった彼と、中国共産党との関係はどのようなものであったのか。この点についても先の文書は次のように述べている。第一に「中国の当面の革命――国民革命は中国共産党によって革命の指導権を統一することはできず、ただ中国国民党によってのみ統一できる」との思想に立っていたこと。第二に彼が中山大学や武漢の中央政治軍事学校で活動していたとき、多くの青年が彼に共産党への加入を紹介してくれるよう頼んだのに対して、彼は青年たちに対して「目前の革命は強大な国民党を必要としている」。だから、国民党にとどまって「彼らに（国民党の）左派党員になり、左派の勢力を団結させる」ようにと勧めた。それは「共産党の存在が、客観的には国民党左派の発展を妨害すると考えた」からである。以上二つの点に施復亮の思想の本質的な部分が示されているが、それは彼が中国革命の中心は国民党であり、国民党に革命勢力を集中させ、それによって国民革命の実現を可能にすることができる。この革命の中心であるべき国民党を弱めることは革命を妨げるものであるとの考えが基本にあったと言えるであろう。つまり国民党を革命の中心にするという立場があったと言ってよいであろう。これが、彼が国共分裂後に国民党にとどまった最大の理由であろう。

その上、彼が共産党を離れる直接的な契機となったのは、中国共産党の極左的な暴動主義であったと言う。一九二七年五、六月、彼が中央独立師に従って湖北各地を転戦した折、各地での「民衆運動の幼稚さと誤り」を目にしたことにあると言って、それを第三の理由としてあげている。彼はここで、共産党の指導する過激な民衆運動によって、共産党が農村において民衆から乖離している状況を知り、共産党の看板を掲げて農村の中に入ることはできないと感じて、鄧演達の言うように「共産党の組織を解散し、国民党が第二次の改組を行なって、すべての革命勢力を集中する」という説に賛成したのである。以上が、施復亮が中国共産党を離党するにあったたての中国共産党との関係であった。そこには共産党員としての自覚と誇りはまったく見られないと言ってよい。そこに見られるのはあくまでも〝国民党員〟としての素顔である。この「文書」に見られる施復亮の共産党との関係についての論述は、彼が共産党を離脱することを合理化するために、ことさら共産党との距離をあらわしているとも見ることはできるが、それ以上に彼の〝国民党員〟としての本質が赤裸々に見えているると言ってよいであろう。

中国共産党を離脱したとは言え、施復亮は「革命的国民党員」として、中国革命の実現の展望を放棄したのではなかった。一九二七年九月に国民党員の邵力子の援助で上海に居を移してから、一〇月には広州にいき、「再びすべての革命勢力を団結させる」ことを目的にして、国共両党の〝党外合作〟を進めることを提案して、張発奎・黄琪翔を説得した。しかし彼のこの構想は両者の受け入れるところとはならず、彼の意図は失敗し、むなしく上海に帰った。この後、一九二八年はじめ、彼は一〇余人の人々とともに中国革命の出路について討論し、一つの小集団を作って、その政治主張を明らかにした。(3)

これ以後、彼は国民党改組派に結びついて、陳公博が主宰する『革命評論』などを中心にして、政論家としての活動を展開し始める。一九二八年中に彼が〝中国革命の諸問題〟について発表した理論の本質的な部分は既にこの「自白」の文書の中にあらわされていると言ってよいであろうが、彼の中国革命についての理論の出発点は、次の点にある。

「中国革命には二つの系統があり、一つは孫中山の国民革命の系統を受け継ぐものであり、もう一つはコミンテルンのプロレタリア革命の系統を受け継ぐものである。この二つの革命系統の目的は同じであるが、その出発点は異なっており、だからそれが用いる方法も異なっている」。「我々はこの二つの革命系統のうちただ一つを採ることができるだけである」という点にある。(4)そして彼は「中国革命は自ら自己の立場を持っている」と言い、ここから「孫中山の革命の系統が、中国の現在の唯一可能な道である」と結論づけているのである。つまり中国国民党こそが中国革命を指導することのできる政治勢力であるというのが施復亮の立場であった。この施復亮の理論を批判した共産党員の惲代英はこの点について次のように批判している。「孫中山自身いかなる人にも革命系統の継承を与えなかった。やはり施存統（施復亮）が孫中山の名を借りて自分のこの一つの系統を創造するのに努力しているものである」と。[5] しかし施復亮は国民党が「総理のこの革命系統を継承して、総理の終身変わらなかった革命精神を発揚して、終始帝国主義、封建勢力とすべての反革命派と闘い、〝国際的平等〟〝政治的平等〟〝経済的平等〟に達することが最後の目的である」[6]と、革命の目的を語っていた。

ここから彼の中国革命論が展開されるのであるが、彼は「このような目的を達成するためには、必ず革命的で強固な統一した大衆的な国民党を造り上げねばならぬ」。「第三党も、第四党も問題にならぬし、共産党もまた問題にはならぬ」と、中国革命の前途を国民党に託したのである。[7]

国民党が中国革命を実現できる唯一の党だとの考えは、施の論文の至るところに見られる。「中国革命を指導する党は唯一つあるのみである。すなわち真に労働者・農民と都市の小ブルジョワジーの利益を代表して革命をするのは、連合戦線の国民党のみである」[8]。国民党をこのように中国革命を達成できる唯一の党とする考え方は、すでに二四、二五年段階ではっきりと見られるところであるが[9]、二四、二五年の時期には国共合作の時期であり、国民党への期待があっても当然であったと言える。しかしそこで見られた論理――国民革命を達成できるのは国民党のみであるという論理はすでに見たように国共分裂に際して、彼を国民党にとどまらせた最大の思想的要因であった。そしてこの思想は国共分裂以後の情勢の中でより一層磨きをかけられていくのである。

施復亮の中国革命論の出発点は「被圧迫の民族全体の解放である」というところにあり、民族主義である。ここから革命の担い手も導き出される。つまり連合戦線の党ということになる。そしてその社会的基礎となっているのは、「労働者・農民と都市の小ブルジョワジーである」という点にある(10)。そして国民党こそがこれらの階級・階層を代表する「連合戦線」の政党であると言う。これに対して中国共産党はプロレタリアートの代表であり、「植民地・半植民地では、階級分化がいまだ明らかではなくブルジョワジーとプロレタリアートは大変幼稚であり、プロレタリアートは数の上でも質量の上でもいまだ決定的な地位を持つに至っていない(11)」。(ちなみにプロレタリアートの数は二〇〇万に過ぎないとも言っている。)そして「人民の大部分は小ブルジョワジーと准小ブルジョワジー(過渡の段階)であり、すなわち農民・手工業者・小商人・知識分子などであり、全民族が帝国主義の圧迫の下にある」。だから「中国革命の出発点は反帝国主義の民族主義である」。「この出発点からまっすぐ進めば、必ず非資本主義的民生主義に到達するであろう」。この民族主義から民生主義に至る過程は、必ず民衆の自覚を引き起こし民権主義の要求を発生させて闘争の武器にしようとするであろう。「かくして革命的三民主義は生み出され、非圧迫の民族革命の根本的理論となるのである」。このようにして、中国革命は理論の上からは三民主義となり、その社会的基礎からは中国国民党が革命の中心となり、革命の指導権を握ることになるのだと言う。施復亮によれば、中国共産党の理論は「中国の現在の社会的条件から見て、実現できないと断定することができ」、理論上からも、プロレタリアートの数の上からも、革命の中心とはなりえず、革命の指導権を握ることはできないと言うのである。ここに施復亮の革命思想の核心がある。それは中国革命の担い手が小ブルジョワジーと准小ブルジョワジーであって、プロレタリアートではないとするところにあり、まさに支配階級とそれと真っ向から対決している階級（労働者・農民）にではなく、その中間に位置する階層に革命の中心的担い手を求めるという〝中間派〟の思想がここに見られるのである。

次に施復亮はその革命論の中で、革命の対象は何だと考えていたのであろうか。それは第一に帝国主義であり、その支配を可能としているのは、「封建階級」であると捉えていた。「かれら（封建階級）が帝国主義に替わって直接に中国を支配している」のであり、その「封建階級」は、一つは軍閥と官僚であり、もう一つは地主（あるいはいわゆる土豪・劣紳）である。彼らは反革命勢力の中心であり、反革命運動の指導者である。「彼らは中国革命の最大の障害であり、彼らと中国革命とは両立しえない」。またブルジョワジーについては、どのように考えられていたのか。ブルジョワジーについては、買弁ブルジョワジーと国民ブルジョワジー（＝民族ブルジョワジー）に分け、「この二つの部分の利害は一致しないし、革命に対する態度も異なる」と分析し、民族ブルジョワジーについては、帝国主義の経済的圧迫を受けているので、論理的には帝国主義に反対すべきであるが、「彼らの力は弱すぎるし、まだ買弁階級をかねている」。だから「革命に積極的に参加する勇気がなく、さらに中国革命を指導して資本主義の道に向かわせる自信を持つことができない」。それゆえ「実際には既に革命から離脱し、帝国主義と封建階級に妥協するか、投降してしまっている。だから国民ブルジョワジー（民族ブルジョワジー）は現在既に革命の要素ではなく、買弁ブルジョワジーと封建階級と同様、反動的要素と同じになっている」。この時期の施復亮にとって、民族ブルジョワジーはすでに反革命の陣営に移り、打倒すべき革命の対象と理解されていたのである。江浙（江蘇・浙江）のブルジョワジーが国民革命を裏切り、四・一二クーデターの背景にあったという事態は彼にこのような見方を生み出したのも当然のことであったといわねばならない。

このように革命の対象を明らかにし、革命の主体となるべき勢力を規定したからには、この革命を成し遂げうる組織はどうあるべきか。その点を、施復亮は同じ論文「中国革命の理論問題」の第四節「中国革命勢力の組織問題」で、詳しく論じている。それによれば国共両党の組織的関係は「その分裂が一つの必然的なことであった」と断定し、その要因は「国民党が農民をもって中心とし、共産党は労働者をもって中心としている」ことにあるとしている。そのうえ両者には、大衆運動においても左派に対する関係でも対立があったとし、共産党は「事実上、終始労農大衆を直接国民党に紹介することを願ってはいず、ただ小ブルジョワジーの学生を国民党に紹介して数を満たしただけである」。また国民党の左派についても、共産党は国民党の左派を助けるとしていたが、「実際上はかえって終始、左派の発展を妨害し、左派分子を共産党に吸収することに一生懸命になり、左派は事実上、共産党の付属となっただけで、一つの独立した勢力にはなりえなかった」。ここに施復亮の国共関係についての根本的な認識があったのである。

彼は国共合作についても次のように言っている。国共合作とは「実際には（国民党）左派と共産党の合作である」。もともと総理の容共政策の根本精神は革命勢力を集め、革命の指導権を統一して中国革命を完成することであった。したがって国共が分裂した現在、この目的を達するためには、今後は「過去の組織関係を改変しなければならぬ」。そして彼は、その結論として、「私の意図するところは、労働者・農民と都市小ブルジョワジーの利益をしっかりと代表する連合戦線の一つの党を組織して、その他のすべての党を消滅することである」。そうすれば「はじめて革命の指導権は統一でき」、「中国革命は完成できる」

のである。またこのようにも言っている。労働者・農民と都市小ブルジョワジーを基礎にした「このような国民党があれば、プロレタリアを代表する共産党もまた不必要であり、いきおい消滅されざるを得ない」。彼はまた別の論文においても次のように言っている。「私は終始認めてきた。革命勢力を集中し、革命指導権を統一するために、共産党の組織の存在に反対することは有意義なことだ」。「我々が共産党を消滅し、革命的国民党を回復し、革命的国民党を強固にしようとするならば、ただ、我々の革命的理論と革命的行動によらねばならない[12]」。

中国共産党の消滅を目指す施復亮のこのような論は〝清党〟以後の蒋介石国民党政権による共産党消滅政策、共産党攻撃を正当化するものであり、そのための理論的根拠を提供するものであったと言える。それはまた国民党一党支配を意図する理論でもあった。「中国革命は一つの社会主義的性質を持った国民革命である。中国革命に適合した主義は革命的三民主義である」。この革命を指導するのは、「唯一つの労働者・農民・小ブルジョワジーを基礎とし、統一した連合戦線の党の国民党である」。「〝一つの革命〟〝一つの主義〟〝一つの党〟――これが中国革命の一貫した理論である」。「すべての革命的勢力は、革命的三民主義と革命的国民党のもとに統一せよ」。したがってここからは第三党という問題は起こりえない。彼はこの段階では〝第三党〟をも明確に否定していたのである[13]。

以上が施復亮の描く中国革命の姿である。それは「革命的三民主義」に導かれ、「革命的国民党」の指導権の下に、革命的な勢力（彼の言う労〈この中味は、数千万の手工業労働者〉・農・小ブルジョワジー）を結集して達成する革命である。しかし、彼によって革命を指導するとされた国民党の実体はいかなるものであったのか。それはどのような意味でも〝革命的〟とは言いがたく、彼の論及とはまったく異なったものであったことを彼自身もまた自覚せざるを得なかった。

現在の国民党は「多くの腐敗分子が党を握り、革命的民衆の入党を許さない」(14)。「統一戦線の革命的国民党は、軍事勢力と腐敗分子の手に握られてしまった!革命的三民主義は復古的封建主義に変わってしまった!」「ある地方では、共産党を恐れるがゆえに民衆を恐れ、民衆を圧迫し、民衆を虐げている!」「国民党の労働者・農民に対する態度はただ、〝圧迫〟の二つの大文字があるだけのようだ!」それゆえ「民衆は現在では国民党に対して、すでに不満を持ち、失望し、嫌悪さえしている!」こうして「現在、党はすでに民衆的基礎を失った!」。

このような国民党の現状をもたらした要因がどこにあると彼は見ていたのか。その要因の第一は、党が〝民主的精神〟を失ったこと、第二に大衆的基礎を失ったことにあると見ていた。第二の大衆的基礎の喪失についてはすでに見たとおりである。第一の民主的精神の喪失については以下のように見ていた。「集権が人々の意識にあり、民主は忘れ去られたかのようだ!集権であって、民主ではない。だからただ官僚主義の横行のみが見られるのだ!」「党員の発言権・表決権さらには請願権すら剥奪されてしまった!一つの党部は一つの特殊勢力あるいは特殊な人物の支配下にある!」「党員と党部は個人の道具に替わってしまったようだ!党部の責任者は目をただ領袖に向けているだけで、下の大衆を見ることは少ない!大衆はただ機械的に服従するだけで、自分の意思を持つことは許されない!」つまりただ一人の領袖・一つの勢力・上級の党部が党の全体を支配するようになっていること、これに対して下級の党員個々が意見を言えない状況が生まれていることを問題にしているのである。「現在の国民党は名目上、すでに一つの執政党になってしまっている」。

しかしこのように非民主的になり、大衆から遊離してしまっている国民党を彼は完全には否定していない。このような状況下の国民党に対して彼は次のように言っている。「国民党内にはまだ広範に革命的党員が存在する。」「しかし現在の党が民主的精神を失っているから、彼らの力は公然と発揮することができないのだ。」このような革命的要素が国民党内に存在するしるしを、彼は革命的刊行物がまだ大量に出ていること、上海・南京の下級党部の決議や通電が〝左より〟の革命的表現を示していることに求めているのである。そして「党の腐敗は上層に起こっていることで、下層に起こっているのではない」として、国民党への期待を捨ててはいなかった。そして革命的国民党の復活のためには「党の機関はみな選挙制を回復する」こと、「党の決議は民主的方法によって可決することである」としていた。「選挙制度を回復し、党員の発言権と議決権を回復し、新たに党の基礎を下層の党員の上に打ち立てる」ことに求めていたのである。[15] つまり民主的な体制の確立に党の再生への鍵を求めていたのである。ここに見られるように国民党を見限ってはいない施復亮ではあったが、彼の思想の根底には民主主義の思想が存在していたこと、そこに彼の大きな特徴があった。その点を無視することはできない。

国民党の非民主的状況は、単に国民党内に限ったことではない。執政党としての国民党は国民に対しても非民主的支配を実行することになる。国民大衆に対して「最低限度の政治的自由——言論・出版・集会・結社の自由も与えられていない」。国民党の非民主的状況は「党内のいくらかの軍閥官僚の腐敗・悪化したニセ革命・反革命の徒が、国民党の旗を高く掲げて、大衆を虐げ、大衆を圧迫し、大衆を虐殺しさえしている」という状況さえ生み出していたのである。この状況をどのように打開するのか。それに対して、施復亮は「革命的大衆を党に吸収」し、「党の大衆化を促し」、「すべての腐敗分子を粛清」するために、「徹底的に改組することだけが（国民党の）生きる道である」と、国民党を大衆的な基盤に立たせるという改組の方針を提起したのである。

しかし二八年末から二九年初めになると、彼は国民党の反革命的な実態についてさらに深い認識を示すようになる。「中国革命は成功していないだけではなく、確実にすでに失敗してしまっている。これは多くの事実を挙げることができる。たとえば帝国主義に反抗することは帝国主義に投降することに替わり、（中略）打倒軍閥は軍閥の抱きこみと製造に替わった。貪官汚吏土豪劣紳の打倒は貪官汚吏土豪劣紳の保護に替わり、〝民衆の喚起〟は民衆の圧迫に替わった」。「これをみれば中国の革命は疑いもなくすでに失敗したのである」。そして彼はその要因が、「ブルジョワジーがまず動揺し、革命の戦線を離脱し、反動陣営に投降した」ことにあるとし、「ブルジョワジーは革命運動の深化を恐れ、封建階級に同情し、援助するのである。」それによって「この二つの階級は現在〝革命防止〟の共同の利害のうえで、反革命の連盟を結成して、革命勢力に攻め入っているのである」。つまり彼はこの段階に至って中国革命が失敗したことを認めたのである。ここから「革命を新しくやる」という方向が出てくる。

それは次のような論として展開される。このような状況からの唯一の出路は革命を継続することであり、それは「一切の腐敗した反動的分子を排除し、すべての真の革命的同志を団結し、中国革命を新しくやる

――『中国革命運動の復興』である」。そのような革命党は、「労働者・農民・小ブルジョワジーを代表し、統一した革命的国民党であり、腐敗した国民党ではないし、また少数のプロレタリアの共産党でもなく、さらに〝空中楼閣〟の第三党・第四党でもない」。ここでも彼は「新しく革命をやる」ことを〝国民党の復興〟に求めたのである。革命的国民党が団結することによって、中国革命は成功しうるというのが、施復亮の論理である(16)。ここに彼の国民党にしがみつく思想がはっきりと見て取れる。

では、彼は国民党をどのように作り直すと言うのか。二九年初めの論文では、次のように指摘している。「現在、党の基礎はすでに民衆になく、党員にもなく、完全に銃の上に（武力）にある。党の意思は〝銃〟の意思に従って変わる。党内の一切の問題の解決は、みな銃の勢力関係によって決定される(17)」。このような状態によって、かつての国民党は「すでに滅びた」と判断し、この党を根本的に改組するためには、「党内の革命的分子が自らの団結によって、各級の革命的党部を組織し、革命運動を継続し、四次会議以来のすべての反動的決議と反動的行為を否認しなければならない。したがってこの改組運動は実際上、〝造党〟の精神を持つものでもある」。したがって、「現在の国民党はすでに滅びてしまったとは言え、あらたな革命的国民党が古いものを投げ捨てて、復興できるのである(18)」と、国民党を新しく作り直すという方向を提起するようになっていたのである。

国民党がこのように〝反革命〟の党に変化した要因が党の民主化と大衆化を否認したことに求める点が、かれの認識であった。したがって党の革命化には、民主化と大衆化とが必要とされることに、変わりなかった。ここに彼の特徴的な認識がある。それはこの段階に至っても国民党を完全には見捨てていないことである。それは国民党を完全に否定することはこれまで展開してきた彼の中国革命論の完全な破綻を認めることになるからであろう。しかし「党の民主化と大衆化の実現」という彼の論理には重大な欠陥があった。大衆を圧迫し、大衆を虐殺しさえして、大衆から見放され、嫌悪されている国民党に革命的大衆を結集させる可能性があるのか。またどのようにして大衆を結集するのか。それについての考察はなされていないのである。したがって党の「大衆化を実現」して、その力で党の改組を実現しようとするという構想は、実現の可能性はないと言わねばならなかった。ここに彼の国民党改組論の根本的欠陥があったと言うことができる。

一九二八年中、施復亮は国民党改組派の指導者陳公博の主宰する『革命評論』の主要メンバーとして、以上のような理論を精力的に展開する活動をすすめ、国民党「左派」と目される部分が組織する「中国国民党改組同志会」(「改組派」)に参加した。(これより以前一九二八年初め、志を同じくする友人一二人とともに〝本社〟〈本社というのはマルクス主義の本を忘れないことを意味するものだという〉を組織したと伝えられてもいる。[19])しかし一九二八年一二月末、改組派が開いた代表大会に対して、施復亮はその「組織方法と政治主張」に不満を持ち、陳公博の説得にもかかわらず、ついに改組派をも離脱した。[20]その理由の一端は彼が後に語っているように、その代表大会の代議員の選出における非民主的な手法――党員の選挙ではなく指導部から指名する方法――にあったのである。[21]「組織方法」に不満であったというのはこのことを指していると思われる。そこには彼の〝民主主義者〟としての一面が表れていると言ってよいであろう。またこの代表大会をもって「改組派」が南京の国民党右派と妥協しようとしていることが、南京の腐敗した国民党右派の根本的改組を主張し、「国民党の改造」をすら提起していた彼の政治方針に反すると認めたことによるものであったと言ってよいであろう。「政治主張」に不満だというのはこのことを指すものであろう。

事態がこのように進んでいくからには、彼の国民党を中心にした中国革命という理論は、実際には実現の根拠を失ったものと言ってよいであろう。これ以後彼は国民党を離脱するとともに、すべての党派関係からも離脱した。それは彼が国民党に対して失望したことを示すものであったと同時に、国民党こそが中国革命の指導権を持ち、中国革命の中心をなすという彼の二〇年代における「中国革命論」そのものの破綻を示すものであった。しかし彼は彼の革命論とその論理の破綻を根本的には自覚することが無かった。つまり彼はその中国革命論の誤りを認めることをなしえなかった。したがって彼が国民党から離脱し、一切の政治活動から逃避することについての理由を、後に彼が述べているように自らの性格の弱さに求めざるを得なかったのである。「私が改組派を退出して以後、自分の性格と能力は革命的政治家となり得ないことを認め、一人の〝書斎人〟となることをきめた」のであると。(22)こうして彼は一九二九年以後、マルクス主義的な書物の翻訳と経済関係の著述に専念することになる。つまり〝革命的三民主義〟の〝革命家〟施復亮は、中国革命の方向を指し示す政治理論家＝革命家であることから、中国革命とは直接には関係の無い「象牙の塔」に逃げ込んだのである。

注

（1） 施存統「悲痛中的自白」『中央日報』副刊 一九二七年八月三〇日。（水羽信男氏の提供による）

（2） 中国共産党が「国共合作」の方針を決めたのは、一九二二年五月ごろ開かれた中共二全大会であるとされる。しかしここでとり上げられたのは「あくまで国民党に対する外からの合作である」といわれ、党内合作が明確になるのは、二三年一月コミンテルン中央執行委員会が中共党員の国民党への加入を明確に決定し、二三年六月の中共三全大会が中共党員の国民党への加入を正式に決定されてからであるといわれる。（宇野重昭『中国共産党史序説』（上）NHKブックス 一九七三年 六二〜六三頁）

（3） 斎衛平「施復亮伝」『中国各民主党派史人物伝』第一巻 一九九一年 三一五頁。

（4） 施復亮「対今後革命的意見」『目前中国革命問題』一九二八年 一〇頁。

（5） 惲代英「施存統対於中国革命的理論」『布尓塞維克』第二巻第四期（一九二九年四月一日）。

（6） （4）に同じ。

（7） 同。

（8） 施復亮「論〝党外無党〟、〝党内無派〟」『目前中国革命問題』六五頁。

（9） 宋亜文は施復亮の国民党への見方について、施復亮が中山大学や広州農民運動講習所などで講義をしてまとめた『中国国民党的組織和訓練』を使って、施の国民党に対する認識とその系統化について詳細に述べている。（宋亜文 前掲 八八〜九九頁）

（10） 施復亮「中国革命底理論問題」『中国革命底理論問題』一九二八年 七頁。

（11） 同 一〇頁 以下、特に指定するもの以外同じ資料による。

（12） 施復亮「討論中国革命理論問題」同 一五二〜一五三頁。

（12） 施復亮「第三党問題」同。

(13) 施復亮「快復十三年国民党改組的精神」同（以下は同論文による）。

(14) 施復亮「党底民主化与群衆化」同。

(15) 施復亮「復興中国革命運動」『民衆先鋒』第一期（一九二八・一二・二八）。

(16) 施復亮「怎様改組国民党」『民衆先鋒』第三期（一九二九・一・一四）（宋亜文　前掲一五八頁から引用）。

(17) 施復亮「目前的改組問題」『復興中国革命』五九～六〇頁。（宋亜文　前掲一五九頁から引用）

(18) 王水湘「施復亮伝」『記念施復亮百歳華誕専輯』（金華県文史資料第十輯）五七頁。（水羽信男氏の提供による）

(19) 同　六一頁。

(20) 施復亮「一個誠実的声明」『民主抗戦論』一九三七年　一三三頁。

(21) 同。

(22) 同。

第二章　抗日戦争初期における施復亮――「持久的全面的抗戦」

第一節　一九三〇年代前半の施復亮

一九二九年、革命的政治家となり得ないことを認めて〝書斎人〟になるとした施復亮は、その後「中国経済問題の研究が終身尽力する事業であると決心し」、その研究に取り組んだが、同時に彼はプロレタリア政党の研究にも興味を示し、『日本無産政党研究』を書き、その後ヨーロッパ各国のプロレタリア政党の材料を集めていたが、日本で出版された『欧米無産階級政党の研究』を見るに及んで、自ら西欧のプロレタリア政党研究の著作を断念した。その後『ソ連の政治制度』『社会革命』『中国革命の復興』などの政治や社会政策に関する著作を行なった。この点から見て彼が政治から離れる決心をしたとは言え、「彼は完全に政治の範囲から離脱したのではなく、ただ戦いの場から書斎に退いたに過ぎなかった[1]」のである。従って中国の時局と中国の運命が緊迫する状況になれば、再び彼の政治的激情は高揚することになるのは必定であった。一九三一年の九・一八事件、さらに三二年の一・二八上海事変と日本帝国主義の中国侵略が強まり、中国の命運が危機に瀕したとき、彼は〝書斎〟から出て、沈黙を破って一種の行動に出ざるを得なくなった。

民族主義――民族の独立を「中国革命」の最大の任務としている彼が、日本帝国主義の直接的侵略に対して黙していることは不可能なことであった。当時、北京大学などで「資本論」の講義をしていた施復亮は、九・一八の二周年記念に際して北京大学の体育館で講演をすることとなった。ここで彼が行なった講演は、激昂して「蒋介石国民党政府の不抵抗主義の政策を猛烈に攻撃し、全国の人民を動員して抗日に立ち上がらせる」ことを求めたものであったと言う。この講演には「会場内に入りきらない多くの人達が塀に登り、木に登って講演を聴いた」と言われる。日本帝国主義に屈服して自らの政権の維持を最大の使命としている蒋介石としては、日本帝国主義と闘うという行為は許しがたいものであったと言ってよいであろう。それゆえ、この時から施復亮は「国民党当局の注意を引き」、蒋介石国民党政権から危険人物として狙われるようになり、学生の援助で危うく逮捕を免れたこともあったと言う。(2)

この前後の時期から、彼は一九二八年に展開した彼の中国革命の理論と活動の誤りに対して、「自分の過去の一部の誤った思想を清算」しようと考えており、それが一九三二年に出版された『中国現代経済史』の序文での自己批判となった。そこで彼は次のように言っている。「私が一九二八年に意見を発表したとき私の心のうちには無限の悲しみがあった。私は研究すればするほど、自分の過去の思想の誤りを感ずるようになった」。そして「自分の過去の政治経済についての見解の誤りを大衆の面前で清算する機会を持つことを望んでいた」。この『中国現代経済史』を書くことによって、「過去の中国経済問題に対する誤りを正すとともに、同時に間接的に過去の中国政治問題に対する見解の誤り――〝中間の道〟が通用する経済的な根拠がないことを指摘したのである(3)」。

また、一九三七年に書いた自己弁明の文書である「一つの誠実な声明」では、次のように述べている。少し長くなるが、その内容を見てみよう。「八、九年来、私は一九二七年の国共が完全に分裂して以後、一九二九年はじめに『改祖派』を退出したときまでの一時期に発表した言論を後悔している」と言い、続けて、その言論のすべてが誤っていると認めるものではないとした上で、「二つの主要な点」で誤っていたと、次のように言っている。「第一は、私は当時、労働者・農民及び都市の小ブルジョワジーが連合して、一つの統一した革命党を結成し、共産党と国民党左派が一つの政党を結成することを主張した。（これは）政党の階級性を軽視したもので、重大な誤りであった」。「第二は、我々の当時の主張と行動は、主観的には、すべての革命勢力の団結を想定するものであったとは言え、客観的には、確実に、小ブルジョワジーの中間派を代表する運動であっただけである。国共両党がまさに激烈な闘争をしているときに、すべての中間の運動はよい前途をもつことはできず、国民党の側に投じるか、共産党の側に投じるかだけである(4)」。のちに施復亮自身が書いたという「年表」によれば、それは「〝右を打って左を打たない〟という中間路線」であったと言う(5)。

ここに見られるように、一九三〇年代に入ってからは、施復亮は「中間の道」が実現しえないものであり、それが誤りであることを認めはしたが、かれの理論の根本をなす「国民党が中国革命の中心であり、国民党に革命勢力を集中させることによって、中国革命が実現できる(6)」という点については、何らかの検討をした形跡は見られない。

一九三三年はじめ、施復亮は馮玉祥と知り合った。馮玉祥は施復亮が蒋介石政権に追及されて危険な状況に陥っているのを知って、彼に暫時日本に避難するように勧め、二〇〇〇元を送った。施はこの勧めに従って、日本に渡った。その年の後半に帰国した施復亮は故郷の金華県に帰って翻訳に従事した。その後一九三五年春に、馮玉祥は再び彼に泰山に来て講義をするよう招き、二〇〇〇元を送った。彼はこれを受け取ることを固辞したが、友人の勧めでしばらく借りることとし、この資金で夫人とともに三度目の渡日を行なった。この渡日の目的は明らかではないが、ここで彼は広西系の軍人陶鈞の部下である葉波澄と知り合い、翌三六年四、五月ごろ帰国し、葉波澄の出資を得て上海に進化書局を設立し、出版事業を始めることとなった。これ以後、施と葉の関係は一九四一年の新四軍事件の後まで続くことになる。

一九三六年の後半には、施復亮は李宗仁の招きによって、広西大学で教鞭をとり、経済学を教える傍ら、「抗日講座」をも開設して、これを担当した。彼の抗日への欲求が次第に高まってきていたと見ることができる。この年の末、彼は上海に帰った(7)。

第二節　施復亮の抗戦論――「民主的抗戦」と「持久的全面的抗戦」

一九三七年、日本帝国主義の全面的な侵略が開始され、彼の住む上海が直接戦火にさらされることとなった「八・一三上海抗戦」以後、施復亮は多年胸中に抑えていた情熱を抑えきれず、友人の勧めもあって、ついに政治的発言を発表せざるを得なくなり、「書斎人」であった彼は果敢に政治的発言を展開して、抗日の戦線に全面的に参加するようになった。この間の事情を施復亮は次のように述べている。「最近の日本帝国主義の耐えざる侵略は、亡国奴となるのを願わない中国人をして抵抗に立ち上がらざるを得なくさせた」と。(8)

一九三七年八月一三日、上海での抗戦が始まってから、この年の一一月上海が日本軍に占領されるまでの約三ヶ月の間に、彼自身、雑誌『文化戦線』を主宰して、この誌上を中心に数十篇の抗日救亡の論文を発表して、全面的な抗戦の実現にむけて精力的な理論活動を展開した。それらの論文は三七年一二月に『民主抗戦論』(上海進化書局)として上梓された。ここで展開された彼の「抗日論」の特徴はどのようなものであったのか。

それを一言で言えば、「民衆を抗戦の主体にする」というものであり、民主的方法で「全国のすべての人力・物力を動員して、抗戦を最後まで支持し抗戦の勝利を勝ち取る」というものであった。彼が抗日のために書いた最初の論文「どのように最後の勝利を勝ち取るか」では次のように論じている。抗日戦争の最後の勝利に達するためには二つの根本的条件が必要である。一つは民衆運動を発動することであり、もう一つは「ソ連との同盟政策」を回復することである。(9) ここに二〇年代からの孫文主義の影響が存在することがうかがえる。

第一の条件は「民衆を喚起し、政治的自覚」を持たせ、「民衆を抗戦の主体」とすることであり、抗戦の基礎を広範な民衆に置くというものである。そのためには民衆を組織し、民衆を武装させ、民衆の利益を擁護するものでなければならない。しかし民衆を組織するためには彼ら自身の組織を持つ民主的な自由が必要であることは言うまでもない。すなわち「民主主義」(「民権主義」)が存在していなくてはならないのである。

この点を他の論文ではより鮮明に述べている。「ただ民主があってのみ、真に抗戦を実行できる」。「われわれが主張する〝民主抗戦を発動する〟というのは、すべての民衆に救国の自由を得させ、救国運動に積極的に参加させることである」。「戦争が長引けば長引くほど、民衆の力は決定的に作用する」。そして「抗戦の勝利を保障する根本条件は、全国民衆の力を発動することである」。そして彼は民主と抗戦との関係について次のように指摘していた。民主があってのみ抗戦が実行できるのであるが、同時に「ただ抗戦があってのみ民主を徹底して完成できるのであり、当面の民主と抗戦とは有機的に結合し、絶対に分離できないのである(10)」。

このように「民衆を喚起し、民衆を組織し、民衆を武装させて」、「民衆を抗戦の主体とする」という論理は、三五、三六年の全救連の多くの論者と同じ思想にたつものであり、抗日を願う人々の共通する思想であったといいうるであろう。そしてこの民衆が正規の軍事力(軍隊)と協力して〝挙国一致〟の抗戦を実行することが〝最後の勝利〟を獲得できる方途であるというものであった。そこにはあくまでも民衆(とくに労農大衆)が抗戦の主体であり、抗戦の主力であるとの思想が横たわっている。もちろん彼にあっては、この民衆は政府と対立するものではなく政府の指導の下での民衆の組織化と抗戦参加を指しているものであることは言うまでもない(11)。

では施復亮はこの〝民衆〟をどのように捉えていたのか。彼は「すべての民衆（とくに労農大衆）を組織し」と言い[12]、全国の八五％の労農大衆を意識していたのであるが、ほかのところでは「民衆の力は全国人口の八〇％を占める農民である」、だから「勝利のためには、農民を組織しなければならない」とも指摘していた[13]。したがってこれらの民衆（主として農民）を組織し、「政治的自覚」を持たせることが必要とされるのであり、教育が必要であると見ていたのである。しかしこの時期の施復亮にあっては、この〝民衆〟は単に労農大衆だけを指すものではなく、より広い階層の〝民衆〟を視野に入れていたと言ってよいであろう。

彼は民衆を組織し、抗戦に動員するという観点から、「民衆運動の幾つかの根本問題について」なる論文において、民衆の組織の仕方、その組織のあり方、民衆運動と政府との関係などについて具体的な提案を行った。それによれば、彼は民衆運動を発動する目的は「単に民衆をいわゆる後方支援の工作につかせるためではなく、抗戦全体の基礎に民衆をおくことにあり」、「抗戦の最後の勝利を勝ち取ることにある」。それは「民衆が抗戦の主体であり、民衆が抗戦のすべての力の根本的な源泉である」からである。そして政治の面では、「民衆運動を発展させる」ことが、政府が「集権（民主的集権）を実行する唯一の基礎」となるからであり、それゆえ「政府はすみやかに命令を発して、民衆運動を保護すること」を期待していたのである。ここに政府と民衆との関係が示されている[14]。

施復亮がこのように、民衆の抗日の活動が自由に行え、抗日の組織が自由になされることの保障を要求したのは、これ以前の蒋介石政府の下では〝救国は有罪〟とされ、救国の言論や救国の活動は厳しく禁止されていたからである。民衆の救国活動の自由を要求することは、蒋介石政府の反民主主義的な政策に対する厳しい抗議であった。そして民衆の救国活動の自由を可能とする保障は「政府の組織を健全にする」ことでもあった。

施復亮は、抗日戦争の遂行のために民衆の動員が必要であり、そのためには民主主義が必要であると指摘していたが、民主主義の必要性は大衆運動の自由化だけではなく、特に政府と政治機構の民主化をも必要としていた。その点を彼は当面の政治問題として、次のように指摘していた。「平時の政治機構は決して戦時の必要に適合することはできない」。現在の政治機構は「官僚主義の政治機構」である。したがって「政府の組織を健全にし、それを改造して、戦時の政治機構にしなければならない」。「抗戦の必要に適さない」「五院制度は直ちに廃止すべきで」あり、その上で、抗戦に必要な「統一した国防政府を樹立すべきである」[15]。その具体的な改革の内容は以下のようである。「中央政府と地方政府とを問わず、すべての真の民衆勢力を代表する民衆団体を基礎にし」、この「民意を代表」する政府のもとに「権力を集中して、その下で行動するというものであった[16]。

施復亮はさらにそのような抗戦に必要な国防政府を樹立するためには、「人民救国会議を招集し、暫時の民意機関」とし、この機構によって「抗日の政治綱領を制定」することが必要であり、それによって抗戦の勝利が可能になるとの展望を明らかにしたのである[17]。ここから明らかなように、彼においては民衆を抗戦に動員するためには、「民主的政治の実行」および、それを保障し抗戦を徹底的に進めるために必要な「民主的政治機構の確立」が、当面の政治的急務と考えられていたのである。ここには二〇年代の彼の思想とは異なった部分、つまり国民党の本来の政治制度――「五院制度」を否定して、全政治勢力を結集しなければならないという現実に立って、抗日のための政治制度の構築を要求する思想が存在する。それはかつて二〇年代に中国革命には〝一つの主義、一つの党〟が必要であると述べていた彼の思想から大きく変化しているのを見ることができる。

施復亮が民主的政治の必要性を強く主張する根底には、「抗戦の重要な核は政治にある」という考えが存在していたからである。ここから彼は、「抗戦中の政治問題」なる論文を発表して、政治問題全般について論じた。そこで彼は「華北の軍事上の失敗」の「根本の原因は政治にある」と指摘し、「これまで政府は断固として抗戦する国策を持っていなかった」こと、「私的な軍隊を国家の軍隊に変えることができていない」こと、「軍の作戦に民衆の支援を受けられなかった」こと、「広範な民衆を抗戦に参加させることができなかった」ことなどとし、さらに「民衆を動員することはひとつの政治問題である」と指摘するに至った。

以上のような政治問題の指摘だけではなく、彼がその論文のなかで提起したもっとも本質的な論点は「抗日の政治綱領を制定する」という点にあった。そしてその内容は、民衆を抗戦に参加させるために、「抗戦の真の目的と政治の内容を知らせる」ことにあり、この「共同の抗日の政治綱領のもとに団結して抗戦を徹底して支持する」ことにあるとした。その綱領の内容は、要約すれば以下のようなものである。(18)

一、日本帝国主義の武力の中国からの排除とすべての不平等条約の撤廃。独立・自由・幸福の新中国の建設。

二、全人口の八五％を占める労農民衆を組織して立ち上がらせる。そのための自由を確立する。
三、抗戦の外交政策を明確に確立し、利害を同じくするソ連と援助条約を締結する。
四、直ちに政治機構を改革し政治の民主化を実現し、抗戦を最後まで進める民主集権の政府を作り出す。
五、戦時統制経済の実施を明白に規定する。一切の経済活動を「抗戦の支持」を最高の原則とする。
六、抗戦将士の優待を規定し、兵士の生活を改善し、また労農大衆の生活を改善し、抗戦将兵の家属の生活を保障する。
七、教育制度の改革を規定し、抗戦の教育を実施する。
八、国内のすべての民族が一律に平等であると規定する。
九、すべての抗戦の必要に適さない法律を廃止する。

施復亮が提起したこの政治綱領は、中国共産党が抗戦開始直後の三七年八月に提起した「抗日救国の十大綱領」と大筋において一致するものであった(19)。いくつかの違いをあげれば、施復亮の政治綱領には「全国的な軍事的総動員」という項目がないこと、経済政策の面で、中共の綱領では「国防生産を整頓・拡大する」と、生産の増大に力点があるのに対して、施の綱領では「統制経済の実施」という経済活動の一元的な統制に力点が置かれていること、中共の綱領では「人民生活の改善」が一つの項目として挙げられているのに対して、施の綱領では「抗戦将士の優待」の項目の中の一部として「労農大衆の生活の改善」が論じられているに過ぎないことである。一方、施の綱領には中共のものに見当たらない「抗戦の必要に適さない法律の廃止」の項目があるのが一つの特徴である。これは彼が国民党の支配地区にあって、国民党の制定した法律の規制を受けていたという実態を反映したものと言うことができるであろう。

特に重要な点として指摘できるのは、次の点である。施復亮は、この政治綱領を民主的な方法によって制定することを要求し、そのための「人民代表会議」の制定を要求し、その具体的な構成を明らかにしていることである。それによれば「人民救国会議」の構成分子は四つの分野からなる。一つ目は「抗戦の各党派」、その主要なものはもちろん国共両党である。二つ目は「抗戦の各民衆団体」たとえば各地の抗敵後援会や救亡協会などの団体で民主的に選出された代表、三つ目は抗敵の各軍隊（独立して戦っている部隊を単位とする）で民主的に選出された代表（長と兵士の共同で選挙する）、四つ目は過去に抗戦の歴史を有し、断固として戦ったことのある政治・軍事指導者（陳銘枢・蔡廷楷・宋慶齢・李済深・抗日七君子など）である。そしてこの全体の人数は二〇〇人前後とし、会議終了後は五〇人程度の常設機関を設ける。この救国会議は半年以内に準備して民衆団体を基礎にして召集する。[20] 以上が施復亮の提起した抗日戦争を戦うための政治機構についての具体的構想であるが、このような構想はそれが実現されるならば、まさに理想的な民主的抗戦体制になりうるものであったと言うことができよう。それが実現できるか否かは国民党蔣介石政府がそれを受け入れるかどうかにかかっていた。

施復亮の抗戦体制の確立への構想のもう一つの鍵は「統制経済」（戦時経済）の実現である。戦時体制の確立のためには、経済政策においても集中的な指導を必要とすることは言を待たない。それについて、彼は次のように言う。「抗戦中は統制経済を実行せねばならない。すべての経済生活において合理的な統制を加えねばならない」。そして「ただちに統制経済あるいは計画経済を実行する準備をせねばならない」

とも指摘していた。もちろんこの場合にも民主主義的な体制が必要とされることは言うまでもない。その実現を可能にするのは「民衆による監視であり、協力である」[21]。この点は官僚統制を強化して、後に官僚資本主義として非難された蒋介石の行なった統制経済とはまったく異なるものであったことは言うまでもない。

特徴的なことは、施復亮はこの時期、蒋介石政府が抗日行動を規制し、自由を与えないことに対して厳しく批判したが、蒋介石に対して直接的な厳しい批判的態度を表明していなかったことである。そして「民主的抗戦」にしても、「民衆動員」にしても、蒋介石政府の指導の下で、それを実現しようとしている。それは抗日戦争が国共両党を軸とした統一戦線のもとで戦われているという事実があったからであることは言うまでもないが、このことからだけでは、蒋介石の国民党政権と彼との距離がどの程度のものであったのかは、明らかではない。彼が抗戦開始以前に蒋介石政府から追及され、敵対的関係にあった点からするならば、彼が蒋介石に対してきわめて強い批判的態度を持っていたことは想像できる。しかし彼の本質はやはり国民党員であり、その思想は三民主義にあった。そのことは、三八年一月に中国共産党の機関紙『新華日報』に発表された論文「どのように抗戦理論を統一するか?」において、抗戦理論を統一するためには、第一に「革命的三民主義の実現を最高の目的とする」と提起していることにはっきり示されていると言える[22]。このことは彼が蒋介石に対して批判的な態度を持っていたとしても、根本的に蒋介石政権を否定するものではなかったことを示している。

施復亮の国民党員としての立場は、抗日戦争の遂行を孫文の目指した「中国革命の実現」と位置づけていたことにも現れている。その点について彼は「孫中山先生を記念することと当面の抗戦」なる論文の中で、次のように言っている。孫中山先生の偉大なところは、民族・民権・民生の三つの問題を同時に解決することを主張したことである。われわれは今日、「彼のこの指示を受け入れ、同時に抗戦中にこの重大な三つの問題を解決しなければならぬことである」。「〝三民主義は救国主義である〟ということができ、またそれは〝自由平等〟を勝ち取る主義とも言うことができ、〝国際的平等〟、〝政治的平等〟、〝経済的平等〟を勝ち取るものということもできる」。九・一八の日本帝国主義が東三省を占領して以来、「抗日の革命戦争を発動することが、切迫した革命の任務となった。〝抗日救国〟は当面の革命運動のもっとも切迫した中心任務となった」。さらに彼は次のようにも言っている。「(八・一三以後の)現在にあっては、〝抗日反漢奸〟は目前の最も革命的な行動である」。「抗戦の最後の勝利を得ることだけが、三民主義を一歩一歩実現することができるのである」。「〝民主的抗戦〟をもって、中国革命を完成し、三民主義を実現しよう!」[23]。

このように彼は彼の中国革命論(=三民主義革命論)と抗日戦争とを結びつけたのである。したがって彼にあっては抗日戦争に参加することは、二〇年代における革命運動の再現であったと言える。しかも彼は同じ論文の中で、三民主義の三つの構成部分の関係と位置づけについて、次のような解釈を示している。三つの構成部分の中で、「その核心は民権主義であり、その基礎は民衆の利益を擁護することである。民権主義と民衆の利益によって、この三つの部分を連合して一つの総体となるのである[24]」。ここに彼の抗日戦争論の出発点があった。

施復亮は二〇年代には、〝革命の主体は労農小ブルである〟として〝階級的観点〟を前面に出した論理を展開していたが、この時期の論理には若干の違いを見ることができる。それは〝民衆〟の強調に見られる。それは三五年以後の主として都市における〝民衆〟が主体となって展開した抗日救国運動を、彼のいう「労働者・農民・都市小ブルジョワジー」の運動として捉えたことにあるであろう。二〇年代の労農が主として展開した運動に対して、三〇年代の抗日救国運動は主として都市の知識人が中心となり、都市の労働者など多くの民衆が参加して展開された運動であった。「民衆の自覚的活動」として展開された三〇年代の抗日救国活動は新たな「革命運動」として展開された特徴を持つ。その延長線上にある抗日戦争はまさにそのような「民衆の革命的自覚」による戦いであり、民衆を革命の主体として鍛えた戦争であったと言うことができるであろう。

施復亮の抗日戦争論のもう一つの特徴は、この戦争が最後まで戦われるもの、つまり中国側の勝利まで戦われるものであるとされることである。それを彼は〝持久的全面的抗戦〟（長期全面抗戦）と名づけていた。最後まで戦うためには「それは全面的な抗戦でなければならぬ。地域的には全国一致の抗戦であるだけでなく、社会活動上、各方面が一致した抗戦でなければならぬ」[25]。政府だけで戦うのでは不十分であり、最後の勝利を手にすることは難しい。民衆を戦いに参加させ、その力を十分にくみ上げることで、最後の勝利を勝ち取ることができるのである。

以上のような施復亮の抗戦論――「持久的全面的抗戦論」の立場からするならば、抗戦を放棄する対日妥協の動きは最も警戒すべき動きであった。それゆえ彼はすでに三七年九月の中旬には「和平妥協の可能性が依然として非常に大きい」と警告を発し、それは政府が「今日に至っても政治機構の改革を実行せず、民衆運動を発動していない」という事実に求めていた。[26] このような立場から和平妥協の動きが現実味を帯びてきた一一月になると、彼は和平妥協の動きに対して、それを阻止するための論を厳しく展開するようになる。

『民主抗戦論』の最後の部分に掲載されている論説の幾つかは、一一月以後の日本帝国主義の和平への策動に対する中国側の動向に対する警告とそれを阻止するための主張である。

和平妥協の動きに対して施復亮はつぎのように言う。日本帝国主義の目的は全中国を滅亡させ、中華民族全体を奴隷化することである。われわれと日本帝国主義とは決して両立できないのである。このようなときに、和平妥協の考えは、きっぱりと放棄しなければならぬことは言うまでもない。我々はすべての方法を駆使して抗戦の情勢を発展させねばならず、「全国の民衆を動員して徹底抗戦を擁護しなければならない。同時に政府が断固として一切の和平妥協の禍根を断ち切ることを要求せねばならない」。「我々は政府にただちに対日断交を要求し、駐日大使を召還し、在日華僑を帰国させ、すべての日本人を（中国から）出国させ、その一切の財産を没収し、日本のすべての債権を取り消すよう要請せねばならぬ。こうしてはじめて和平の扉を閉ざすことができる」。われわれは「いかなる人も再び和平妥協の幻想を持つことを許さない！」[27]。

日本帝国主義の野望は九・一八以来〝蚕食政策〟として、一歩一歩中国の領土を奪い取ってきた。盧溝橋事件以後は陸海空の全戦力を使って侵攻してきた。「その目的は第一に華北の支配権全体を握ることであり、第二はわが国の政府にせまって、内政外交において日本の指導を受けざるを得なくさせることである」。現在では彼らは「第一の目的はほぼその大半を達成した」。それゆえ彼らは適当な時期に休戦講和を準備しているのである。「それは明らかに持久の戦争が彼らに不利だからである」。「彼らは〝速戦即決〟を必要としている」。これに反して、「我々には持久戦が必要であり、戦争が長期化すればするほど我々に有利となるのである」。施復亮はこのような状況の中で、国際的に日本の講和の動きに呼応した英・米・独・伊などの動きとは別に、国内に和平妥協の動きがあることに憂慮を示し、それを「親日・媚日の漢奸勢力の暗躍である」と捉え、「実に大きな危機が存在している」と断じたのである。そして「この和平妥協の危機を克服してのみ、勝利の道を歩むことができる」とし、「この和平妥協の主張をする人は、それがどんな動機から出ているとしても、実際には漢奸である。中途で妥協することは滅亡に等しいからである[28]」と断じたのである。このように国の内外ですすんでいる一種の〝和平妥協〟の動きは、「我々の〝徹底抗戦〟にとって絶対的に不利である」として、「亡国奴となるのを願わない人は断固として、〝中途妥協〟に反対しなければならぬ」と呼びかけたのである[29]。

彼のこのような論調は国民政府内部の主要な一部にある〝和平妥協〟の動きに対する批判であったし、そのような動きを見せているものが同時に抗戦の徹底とそのための民衆動員・民衆武装を妨げているものであるとする、国民政府に対する厳しい批判でもあった。だから、この〝和平妥協〟に反対し、抗戦を徹底的に遂行するためにも、ただちに民衆を動員し、組織し、武装することが必要であるとして、「情勢は緊迫している！遅滞することはできない！[30]」と主張したのである。

ある。

第三節　「政府が主体の抗戦」論に対する批判――章乃器の理論への批判

「民衆が抗戦の主体であり」、「抗戦のすべての力の根本的な源泉である」との施復亮の民主抗戦論の立場からするならば、政府を抗戦の主体としようとする抗戦理論に対して批判を展開するのは当然のことである。

かつて抗日救国運動の指導的な幹部の一人であった章乃器は、一九三七年九月一日の『申報』に論説「呼びかけを少なくして、提案を多くしよう」を掲載して、政府がすでに抗日の国策を確定した今日では、政治的な呼びかけを少なくして積極的な提案を多くすべきであり、その国策の方針やそのやり方について人民は知ることを要求すべきではないと述べて、政府の「国策」を支持し、民衆は政府の「国策」に従って、それを支える立場に立つこと、つまり抗戦の主体は政府であり、人民大衆はそれに従属する立場にあることを要求したのである。この論に対して、施復亮は厳しい批判を展開し、次のように論じた。

章乃器先生の論説の目的が「力を集中する」ことにある点については高尚なものであり一〇〇パーセント賛成する。しかし「第一に、章先生の言う〝既に確定した〟〝国策〟というのが〝全面的持久的抗戦〟であるのかどうか知らないが、もしそうだとしても我々はこの国策を積極的にすべての民衆に〝よびかける〟べきであるし、彼らが一致してこの国策を擁護するよう〝よびかけ〟ねばならず、実力をもってこの国策を擁護せねばならないのである」。「〝全面的持久的抗戦〟をすすめようとすれば、すべての民衆に一致して参加することを〝よびかける〟ことだけが勝利を獲得する保障である」。「第二に〝提案〟もまた民衆に一致して〝提案〟するよう〝よびかけ〟ねばならない。単に少数の上層の知識分子の提案に頼ることはできない」。こうして「章先生が自らの〝提案〟に効力を多く発生させようとするならば、まず先に自分の主張を多くの民衆に〝よびかけ〟ねばならないであろう」。「第三に、章先生は、〝提案〟は、〝積極的〟、〝実際的〟〝力を集中する〟ものだと認めている。(しかし)現在では〝提案〟と〝よびかけ〟とを問わず、すべて、〝積極的〟〝具体的〟〝実際的〟であるべきである」。問題は「〝よびかけ〟と〝提案〟とは統一されねばならず、民衆に対してどのように〝よびかけ〟、政府に対してどのように〝提案〟するべきか(ということだ)」。問題の要点はここにあるのである。我々には「〝提案〟が必要であり、また〝よびかけ〟も必要である」。「抗戦はもとより集権を必要とする。しかし同様に民主も必要である」(31)。

ここに施復亮と章乃器との思想的立場の違いが鮮明に表されている。章乃器にあっては抗戦の主体はあくまでも政府であり、民衆は(知識人も含めて)政府の下に従わねばならぬということであり、施復亮の立場は民衆こそが抗戦の主体であり、政府を抗戦に押しやり、政府とともに抗戦を戦い抜く、ここに抗戦を最後まで貫き最後の勝利をかちとる鍵があるとするものである。両者の思想的立場のこの違いは別の論説にも見られる。

章乃器はこれに続いて「平凡な指導と平凡な組織」なる論説を『抵抗三日刊』第一九号(一九三七・一〇・一九)に発表して、「遅れた農民を指導する〝紳士の指導〟」と「農民の冠婚葬祭における〝助け合いの組織〟」が、抗日工作のうえで有効であるとの主張を展開した。施復亮はこれに対して「〝紳士の指導〟

と〝助け合いの組織〟を論ず」なる論説を書いて、次のように批判した。「〝紳士の指導〟と〝助け合いの組織〟という章先生の主張は〝呼びかけを少なくして、提案を多くしよう〟という主張をさらに一歩発展させたものである」。「〝紳士の〟紳士たるゆえんは、かれが〝遅れた農民〟より一段高い地位にあるためであり」、「紳士は一つの特殊な身分であり、支配階級に属する一部である」。「階級社会では全社会の思想を支配しているのは支配階級の思想であり、被支配者は階級的自覚を持つ以前には、すべて支配階級の思想を受け入れているのである。紳士は『たちおくれた農民のなかで指導的作用をはたす』、その要因はここにあるのである。かれが一段高い地位にあるために人々はかれが『いくらか高い知識』を持っていると思うのである」。「いわゆる〝劣紳〟と〝公正な紳士〟には絶対的な境界はない。彼らは同一の身分と同一の階級に属し同一の意識形態を信じていて、いくらか程度が異なっているに過ぎない」。また施復亮は〝助け合いの組織〟についても、次のように言う。「この種の組織は最もよくても少数の私人の互助組織に発展できるだけで、決して有力な救国組織に発展できない」。「章先生の提唱している〝助け合いの組織〟も歴代支配者が民衆に許した唯一の組織であり、支配者にとって最も危険性の少ない〝最も頼りになる組織〟であるのである」。また次のようにも言う。「〝紳士の指導〟は根本的に上等の人が下等の人を指導するものであり、決して民主的な同志的な指導を生み出すことはできないのである。〝たすけあいの組織〟は根本的に一時的な〝烏合の衆〟の組織であり、決して厳密な戦闘的組織になることはできないのである」。「ただ統一的・進歩的な指導と進歩的な組織があってのみ、抗戦の勝利を保障する指導と組織であるのである」。章先生の「この主張は非常に悪い影響を発生させていることはたいへん明白である(32)」。

これはまさに章乃器の主張に対する全面的な批判であり、否定であると言える。章乃器の論に対する施復亮の批判はこれにとどまるものではない。章乃器が『国民周刊』第一九期に発表した施復亮への批判――施復亮の意見は「反統一戦線的」であり、施復亮は「統一戦線を理解していない」「反統一戦線論者だ」という批判に対して、施復亮は次のように反論した。「唯物弁証法の観点から見れば(章先生の主張する)このような〝超党派・超階級・超経済〟(の統一戦線論)は、一つのあいまいな〝亡国奴にならないという決心の上に築かれた〟〝統一戦線論〟であり、まさに完全な観念論的詭弁論のブルジョワジーの理論である」。「このような統一戦線論は私を信じさせることができないだけでなく、広範な大衆もみな理解できず、信じることができないといえる[33]」。ここに見られるように施復亮の章乃器への批判はきわめて辛らつであり、厳しいものであった。

章乃器の統一戦線論に対して施復亮の統一戦線論は以下のようなものである。「私が理解し、信じている〝統一戦線〟はすべての抗戦の党派と抗戦の階級の共同の利益に基づき、共同の政綱の下でその行動(民主的抗戦)で団結した戦線である。私が信じている〝統一戦線〟の基礎は〝民主的抗戦〟であり、すなわち〝民主的方法で全国のすべての人力・物力を動員して抗戦を最後まで支持する〟ものである」。「私は民衆の力をもって政府が〝民主的抗戦〟を実行するよう突き動かすことを主張するのである。これが私の根本的な意見である[34]」。

民衆を抗戦の主体とする民主抗戦の立場に立つ施復亮は、民衆の抗日救国活動の妨げとなるような理論に対しては、徹底的な批判を展開した。先の章乃器の理論に対する批判だけでなく、鄭振鐸が三七年一〇月一六日の『申報』に発表した論説「戦時の読み物問題」で、「同性質の刊行物が多すぎる」と述べたことに対しても、彼は次のように反論している。「多くの同性質の刊行物の出現は適当ではない。（しかし）その根本原因は目前の政治が抗戦の必要に適合していないことによるもので」ある。したがって、「同性質の刊行物が多すぎる」というこの浪費を避けるためには「第一に全体的な抗戦時期の統制経済と連携した出版の統制をせねばならぬこと、第二にすべての文化人が適当な救国工作を行なうことができるようにすべきである」。「この二つの点を行なうためには、現在の政治機構を改革し、政府を広大な民衆の上にうちたて」、「民衆の力を基礎として、政治・軍事・経済・文化などすべての面での改革をせねばならない」。「簡単に言えば、民主集中の政治を行なわねばならぬことである。その第一歩は政府が民衆の救国言論・救国組織・救国活動の完全な自由を許さねばならぬことである。民衆は政府に対して、この種の救国の自由を要求すべきである」(35)。このようにして抗戦の基礎が固まるのである。ここにも施復亮の〝民主抗戦〟の思想が明確にされている。それは政治機構を民主的なものに替え、民衆が自由に救国活動をできるようにすることが必要であるとするものであった。

第四節　統一戦線に関連して

施復亮が章乃器を批判したことは一定の波紋を呼び起こした。

まず、章乃器は『国民周刊』第一九期誌上で、施復亮の批判に対して、施復亮の意見は「反統一戦線的」

であり、施復亮は「統一戦線を理解していず」、「矛盾の統一を理解していず」、「機械論者であり」、「反統一戦線論者である」などと反論した。[36] さらに他の人からも、章乃器に対する施復亮の批判と抗戦に対する施復亮の主張は、「幼稚な左傾した」ものであり、章乃器への批判は、「右傾をもって左傾を克服しようとするものだ」という人さえあった。[37]

施復亮の章乃器への批判は、抗日戦争の方法をめぐって、政府を主体とするのか、人民大衆を主体とするのか(施復亮の言う「民主抗戦」)というものであったが、それは同時に抗戦のための統一戦線をどのように構築するかという問題をはらんでいたのである。施復亮は章乃器の統一戦線についての理論を次のように批判した。章乃器の統一戦線についての理論は、その「基礎は亡国奴にならぬという決心のうえに築くものである」と言い、これは「超党派・超階級・超経済のもの」であり、それは「ブルジョワジーの利益を代表する本質を隠蔽しようとする」ものであると批判したのである。そのうえで彼は彼の統一戦線についての見解を次のように明らかにしている。「私が理解し、信じている〝統一戦線〟はすべての抗戦の党派と抗戦の階級の共同の利益に基づき、共同の政治綱領の下で、その行動(民主的抗戦)で団結した戦線である。私が信じている〝統一戦線〟の基礎は〝民主的抗戦〟であり、すなわち〝民主的方法で全国のすべての人力・物力を動員して抗戦を最後まで支持する〟ものである」。「私は民衆の力をもって政府が〝民主的抗戦〟を実行するよう突き動かすことを主張するのである。これが私の根本的な意見である」。[38]

施復亮のこの観点からするならば、国共合作が実現したとは言え、目前の統一戦線はその第一歩を踏み出したに過ぎず、決して「統一戦線の見本」ではないとみなすことは当然であった。

この統一戦線についての考えは、翌三八年一月に国民党支配地域で発行されていた中共の機関紙『新華日報』に発表された彼の論説「どのように抗戦理論を統一するか?」に、より明確に表明されていた。(39)そこで施復亮は次のように言っている。「我々の抗戦はただ実際に行なうことが必要であり、いかなる理論も必要としない」という人がいる。「実際にはこれは理論の必要が無いという〝理論〟であって、〝理論不要〟という理論である」。このような理論は我々を「袋小路」に追い込むものであるからして、「理論問題はやはり重要である」として、抗戦の理論をどのようなものとして統一するかを提起した。ここで言う「理論は必要ない」という〝理論〟は、章乃器の言う「亡国奴とならぬという決心」の上に統一戦線が築かれるという〝理論〟を指しているものと言ってよいであろう。そして施復亮は抗戦を最後まで戦うためには抗戦のための理論が必要だとして、その理論問題の解決について次のような提起を行なった。第一に、抗戦の目的が中国の国際的地位の平等・政治的地位の平等・経済的地位の平等を促進することを最高の目的にすること、つまり「革命的三民主義」の実現を最高の目的にすることであり、第二に、抗戦のための理論を統一するためには広範で民主的な方法による理論闘争が必要であり、第三に、その理論が正しいものであるか否かは、抗戦の実践によって検証される、としたのである。そしてこの正しい理論に基づく抗戦のみが最後の勝利を勝ち取ることができるとしたのである。この正しい理論とは「革命的三民主義」の理論にほかならない。

この論説はいろいろの意味を持ったものであったと言ってよいであろう。第一にこれが中共の機関紙に掲載されたことは、施復亮と中共との関係が改善されたものと言うことができるであろう。それは中共の側からも、施復亮の抗戦に対する姿勢を肯定したものと言うことができよう。彼の「民衆に依拠し、民衆を動員して抗戦を実行する」という「民主抗戦」の理論はすでに見たように中共の論理に近いものであり、中共として十分に肯定できるものであった。また「革命的三民主義」の実現を最高の目的にするという理論も、三六年以後の段階での中共の方針と共通するものであった。ここに両者の接近の根拠があったと言ってよいであろう。

しかし施復亮の統一戦線論に問題が無かったわけではない。先の章乃器への批判に見られるように「劣紳と公正な紳士とに絶対的な境界はない。彼らは同一の身分と同一の階級に属し、同一の意識形態を持っていて、いくらか程度が異なっているに過ぎない(40)」という意見に典型的に示されているように、施復亮の統一戦線論には「劣紳と公正な紳士」との差異を認めないことに示されているような機械的な階級論の見方が見られたのである。その要因は、彼が抗日戦争の開始という段階になっても、民族的な課題が最重要な課題になったという情勢の変化を捉えきれずに、二〇年代のかつての階級的観点にしがみついて、この段階での民族統一戦線の内容の深さと幅の広さについての十分な認識に欠け、この段階での民族的な観点に十分に立ちえていなかったことを示すものであった。ここに彼の統一戦線論の欠陥があった。これが彼の章乃器への批判に対して一部の人から、施の主張は「〝幼稚な左傾した〟主張だ」との非難が浴びせられた理由であろう。

施復亮の抗日論の根源が反帝国主義の思想にあることは言うまでもない。二〇年代の彼の革命論では中国社会は「植民地」であり、ここでの革命の出発点は「民族全体の解放である」と述べていた(41)。そして日本帝国主義に対しても「我々にはただ一つの出口があるだけである。すなわち断固として日本帝国主義に反抗して、玉砕するとも屈するなかれである。我々は日本帝国主義の奴隷となることはできず、日本帝国主義に最後まで反抗せねばならない[42]」と述べ、日本帝国主義に対して最後まで戦う姿勢を示していた。しかし彼の二〇年代の日本帝国主義に対する反抗の論理には、階級的観点に立った「中国革命論」の色彩が色濃く出ていて、民族全体の解放という点では不十分なものであったといわざるを得ない。民族全体をどのように統一して戦いの戦線を構築するのかという観点よりも、民族解放の主要な担い手が労働者と農民であり、ブルジョワジーは封建階級とともに民族革命に参加できないという観点に立っていたのである[43]。それは二〇年代の国民革命の実態から生まれた当然の認識であったと言うべきであろうが、その認識は、抗日戦争が開始された三〇年代のこの時期にも、わずかながらその痕跡を残していたのである。

第五節　抗日戦争初期の施復亮の思想

抗日戦争初期に書かれた彼の論文集『民主抗戦論』の中心をなす思想は、「民衆を喚起し」「民衆を組織し」「民衆を主体」とするというもので、ここで言う〝民衆〟とは明らかに全人口の八五%を占める労働者・農民だけではなく、都市の小ブルジョワジーその他の勢力を加えたものを指しているものと考えてよいであろう。ここにこの時期の彼の論理の中の若干の変化を見ることができるのである。それは二〇年代の階級的観点の痕跡がいくらか残っていたとは言え、抗戦の主体を〝民衆〟であるとの捉え方にあったと言える。彼はこの〝民衆〟について明確な規定をしてはいないが、その民衆のなかに労農大衆以外の都市小ブルジョワジーを想定していたと見てもあながち誤りとは言えないであろう。と言うのは、一九三五年以来の都市における抗日救国運動の主力を成したのは知識人層であり、それに同調した民族ブルジョワジーなどであったからであり、彼がこれらの勢力を抗戦における重要な政治勢力と考えたとしても当然であろう。それは抗戦の主体を階級的な規定としてはあいまいな「民衆」という言葉で表現していることに示されている。ここに彼の思想の変化を示す第一歩があり、抗戦が進む過程で彼は更なる変化を示すようになるのである。

抗日戦争初期の施復亮の抗日論に見られた特徴の一つは、彼が「革命的三民主義者」であることを示していたことである。彼はこの抗日戦争のなかで中国革命の完成を展望していたが、それはこの抗戦の過程で「三民主義の革命」を完成させることを意図していたことに見られる。「辛亥革命以来いまだ民主革命は完成していない。抗戦中に（それを）一歩一歩完成する可能性がある」(44)。このような国民革命の延長として民主革命を遂行するという思想が彼の抗日論の根底にあったのである。それは孫文の革命的三民主義の思想の実現を目指すものであり、「革命的三民主義者」としての施復亮の本質を示すものであったと言うことができる。

施復亮の「民主革命がいまだ完成していない」という立場は、革命はすでに達成されたと考えている蒋介石に対する態度にも典型的に見られる。彼は蒋介石政府を抗日戦争の中心であるとは認めていたが、それに全幅の信頼を寄せるものではなかった。蒋介石政府に対してはむしろ厳しい批判的態度をもっていた。

抗日戦争開始直後、多くの人々の蒋介石に対する「崇拝と信任」が「とどまるところを知らない」（聞一多）といわれた状況のなかで、施復亮が蒋介石に対して批判的態度を持っていたことは、稀有なことであり、二〇年代以来の彼の政治的経験によるものであったと言える。

蒋介石政府に対する批判的態度は、この政府が「官僚主義の政府」であるとの批判、さらに抗戦初期の華北における正規軍の敗北という現実の中で、国民政府の正規軍が「民衆と結びついていない」軍隊だからであるとの批判にも示されていた。そして彼は国民政府の軍隊が民衆と結びついていない要因が蒋介石政府の腐敗した官僚主義的な政治にあることを指摘し、腐敗した政治を民主的に改革することが勝利のための必須な要件であるとしたことはすでに見たとおりである。(45) この点でも蒋介石政府に対する彼の批判的態度を見ることができるのである。しかしそれは蒋介石の政権を完全に否定するものではなかった。

以上のように、施復亮の抗日戦争論はいくらかの欠点を持っていたとは言え、彼の展開した「民主抗戦論」――民主主義を旺盛にし、民衆を喚起し、民衆を組織し、民衆を武装し、政治機構を民主的に改革することによって、日本帝国主義との戦いで最後の勝利を獲得できるという「持久的全面的抗戦」の思想は基本的に正しいものであった。この点は高く評価してよいであろう。

抗戦開始直後に、華々しく抗戦論を展開した彼は、翌三八年始めに中共の機関紙『新華日報』に論説「どのように抗戦理論を統一するか？」を発表して以後、いかなる言論をも発した様子は見られない。彼が新たな言論活動を再開するのは、一九四二年秋以後のことである。

注

（1）斎衛平「施復亮伝」『中国各民主党派史人物伝』第一巻　三二一頁。

（2）同　三二二頁。

（3）施復亮『中国現代経済史』「著者自序」二五頁。（水羽信男氏の提供による）

（4）施復亮「一個誠実声明」『民主抗戦論』上海進化書局　一九三七年　一三三頁。（『民主抗戦論』は水羽信男氏の提供による）

（5）施復亮「年表」前掲『紀念施復亮百歳華誕専輯』（『金華県文史資料第十輯』八六頁。）

（6）施復亮「討論中国革命理論問題」『中国革命底理論問題』一五二～一五三頁。

（7）斉衛平「施復亮伝」『中国各民主党派史人物伝』第一巻　三二三頁。

（8）施復亮「紀念孫中山先生与当前的抗戦」前掲『民主抗戦論』三九頁。

（9）施復亮「怎様争取〝最後勝利〟」同　三頁。

（10）施復亮「当前思想之路——発動民主抗戦」同　一四三～一四四頁。

（11）（9）四頁。

（12）同　三頁。

（13）（10）一四五頁。

（14）施復亮「関於民衆運動的幾個根本問題」同　八八～八九頁。

（15）施復亮「抗戦中的政治問題」同　三一～三五頁。

（16）施復亮「怎様争取〝最後勝利〟」同　七頁。

（17）（15）三七頁。

ここに示されているような「人民救国会議」を設置し、それを全国最高の権力機関にするという構想は、すでに一九三六年の段階における抗日救国運動の中で提出されていたものであるが、その内容は施復亮がここで示しているほど具体的なものではなく、単に「全国の民衆の代表と実力派を召集して」とするのみであった。施復亮の提起は、召集すべき代表の顔ぶれを具体的に示しただけでなく、「人民救国会議」による「国防政府」の樹立から「抗日の政治綱領の制定」までの道筋を明らかにして、抗戦体制をさらに具体的なものとしたことにあるであろう（拙著『北京一二・九学生運動』研文出版　一九八八年　一七〇頁参照）。

(18)（15）二五～二七頁。

(19) 中国共産党の「抗日救国十大綱領」の要点をあげれば、以下のようである。

一、日本帝国主義打倒
二、全国的な軍事的総動員
三、全国人民の総動員
四、政治機構の改革
五、抗日の外交政策
六、戦時の財政経済政策
七、人民生活の改善
八、抗日の教育政策
九、民族の裏切り者・売国奴・親日派の一掃
一〇、抗日のための民族団結

（「すべての力を動員し、抗戦の勝利獲得のためにたたかえ」邦訳『毛沢東選集』第三巻　八四～八七頁）。

(20)（15）三〇～三一頁。

(21) 同　二〇頁。

(22) 施復亮「怎様統一抗戦理論？」『新華日報』一九三八・一・二一。

(23) 施復亮「紀念孫中山先生与当前的抗戦」『民主抗戦論』六三・六六頁。

(24) 同　五一～五三頁。

(25)（9）六頁。

(26) 施復亮「当前宣伝上的幾個問題」同　八二頁。

(27) 施復亮「趕快把和平的門関閉起来！」同　二〇三頁。

(28) 施復亮「阻止敵人底陰謀」同　二二四～二二六頁。

(29) 施復亮「支持〝抗戦徹底〟」同　二〇九～二一〇頁。

(30) 同　二一一頁。

(31) 施復亮「多号召多建議」同　一七三～一七四頁。

(32) 施復亮「論〝紳士的指導〟与〝幇忙的組織〟」

同　一〇四〜一一六頁。

(33) 施復亮「『民主抗戦論』序」三頁。

(34) 同。

(35) 施復亮「戦時読物問題与政治問題」同　一二七頁。

(36) 施復亮『民主抗戦論』序一頁。
　章乃器の施復亮への批判論文については筆者未見。

(37) 施復亮「一個誠実声明」同　一二八頁。
　この「声明」は著者によれば、もとは『文化戦線』第九期に掲載予定でかかれたものであるという。しかし三七年一一月上海が日本軍によって占領されたために同誌は発行されなかった。それゆえ同「声明」は後に『民主抗戦論』に発表されたものである。この文書は、章乃器の二つの論説を批判した施の論に加えられた非難に対して、彼の立場と主張の正当性を明らかにしようとしたもので、その中で彼は、彼が二七年に中国共産党を脱退してからの政治的経路を述べ、自らの誤りを明らかにしていることが注目される。そこでは二七年以後、彼が少数の仲間とともに採った主張を次のように明らかにしている。その第一は、すべての革命勢力の大同団結を促すこと（それゆえ政党を結成しなかったという）。第二は、中国の現段階の革命はブルジョワ的性質を持った民主革命であるが、非資本主義的な道をとることが可能であること。第三には、中国の当面の革命勢力は労働者・農民と都市の小ブルジョワジーであり、労働者と農民をもって主力とすべきであること。第四は、中国の当面する革命の対象は帝国主義と封建勢力とブルジョワジーであり、当面の主要な任務は民権運動を発展させ、土地問題を解決することにあること。第五には、中国革命は孫中山先生の革命精神と革命政策と三民主義を受継がねばならないこと。第六に、国民党の虐殺政策と共産党の暴動政策に反対すること。第七に、中国革命が世界革命の一部であることを承認し、すべての被圧迫民族・被圧迫階級と連合し、孫中山先生の〝連ソ政策〟を受継ぐことである。以上のような当時の綱領的主張を明らかにするとともに、彼はこの当時展開した彼の言論の誤りについても、次のように述べている。その一つは「労働者・農民及び都市の小ブルジョワジーが連合して、一つの統一的な革命党を結成し、共産党と国民党左派が一つの政党を結成することを主張した。(これは)政党の階級性を軽視したもので重大な誤りであった」。二つには当時の主張と行動は「主観的にはすべての革命勢力の団結を想定するものであったとはいえ、客観的には確実に小ブルジョワジーの中間派を代表する運動であっただけである。国共両党がまさに激烈な闘争をしているときに、すべての中間の運動は良好な前途をもつことはできず、すなわち国民党の側に投ずるか、共産党の側に投ずるかだけである」。注目すべき点は、この時彼は中間派の路線を明確に否定していたことである。

(38) 施復亮『民主抗戦論』序二〜三頁。

(39) 施復亮「怎様統一抗戦理論?」『新華日報』一九三八・一・二三。

(40) (32) 一〇七頁。

(41) 施復亮『中国革命的理論問題』八頁。

(42) 施復亮「反日運動与民衆運動」『革命評論』第三期。

(43) (41) に同じ。

(44) 施復亮「従抗戦中完成民主革命」『民主抗戦論』一五七頁。

(45) 施復亮「抗戦中的政治問題」同 一九〜二〇頁。

第三章　抗日戦争後期の施復亮

第一節　一九四一〜一九四二年の施復亮

一九三七年一一月一二日上海が日本軍によって占領されたのち、施復亮が上海を逃れてからの動きについては明らかではないが、三八年には彼は葉波澄と相談して進化書局を内地に移すこととし、三九年にまず昆明に移って民生印刷廠と改名し、次いで四〇年には重慶に移って南方印刷館とし、葉波澄を理事長として、彼はその編集長となって書店の経営に携わっていた（1）。

しかし一九四一年一月の新四軍事件は抗日民族統一戦線の状況を大きく変えるものであった。これまで曲がりなりにも国共合作を軸として維持・展開されてきた抗日態勢は、この事件をきっかけにして国民党が共産党への攻撃を激化させたことによって、社会全体に反共の動きが強まったために、抗日への共同を瓦解させる恐れを生み出し、抗戦の遂行が危ぶまれることとなった。

施復亮の生活もそのあおりを受けることとなった。南方印刷館の共同経営者であり、資金の拠出者である葉波澄はこれまで共同して経営を担ってきた施復亮を編集長の職から解雇し、その直後夫人の鐘復光をも解雇した。これによって施復亮は生活の糧を奪われたのである。この時ある人が施復亮を国民参政会の委員になるようすすめたと言う。それは新四軍事件後の反共攻撃の中で、国民参政会内の中共よりの救国会派系参政員（鄒韜奮など）を参政会からはずし、国民党系の人物を補充するという蒋介石の方針に基づくものであった。施復亮はこの勧めに対して、「腹がへっても蒋介石に投降しない」と言ってこれを断ったという。[2]

その後まもなく、一九四一年後半に銀行家胡子昂などの紹介によって、四川銀行の経済研究所に職を得ることになった。これは施復亮の生活と思想の大きな転換点となった。

この時から施復亮の抗日戦争後期の活動が始まる。それは主に経済関係の論考・執筆活動である。一九四二年九月から一〇月にかけて、彼は『新民報』に経済問題についてのコラムを担当し、「経済漫談」として筆をとることとなった。これは後に『経済漫談』として、重慶の文聿出版社から小冊子として出版された。[3] ここで彼は抗日戦中の経済問題の全般にわたって論じている。

まず彼は最初に「戦争は人の社会的地位を変え」「人々の理念をも変えた」として（『経済漫談』七頁）、抗戦開始以来人々の意識は商売をすることに移り、国難を利用して金儲けをはかり、工業家や農民さらには公務員でさえ商人になるものが現れて、手っ取り早く金儲けをしようとする。それゆえ商人の社会的地位は高まり、士農工商のかつての概念を変える様相となっているという経済状況の変化を厳しく捉え、その上で、彼の論は統制経済・物価の高騰・通貨の膨張など経済現象の全般を論じるに至る。ここで重要なことは、彼は経済活動の本質が生産活動と生産の増加にあると指摘し、「生産能力の許す範囲内で」、「拡大再生産を実行すること」、そのために「生産資本の増加を制限すべきでない」(同二七頁)ことなどを力説していたことである。そして彼は「営利経済のよいところ(生産の増加を促進すること)を極力発展させることが必要である」(同三一頁)と論じ、「営利経済」=資本主義経済の悪い面、欠点を是正せねばならぬと説いていた。ここに見られるように施復亮は抗日戦争をすすめ、最後の勝利を獲得するという目標から、営利経済=資本主義経済に対してその積極面を高く評価するに至ったのである。この資本主義を評価するという思想は二〇年代から三〇年代に見られた階級関係からすべてを論じて、資本家階級(ブルジョアジー)を一律に否定するという彼の硬直した思想には見られないものであった。それは彼の思想の変化、一つの進歩を示すものであったと言ってよい。

一方、彼はこの論説で、「同一労働・同一賃金」の原則を説き、「〝経済平等〟はすべての平等の基礎である」(同一五頁)と言い、その原則の達成のためには「三民主義の徹底的な実現があってのみ」達成されるとしていた。ここに彼の三民主義者としての面目が見られる。また彼は「経済問題は政治上・社会上最も重要な根本問題」であり、それが「抗戦に対して決定的な影響を持っている」(同四六頁)として、その基礎が〝生産問題〟にあるとしたのである。「生産の問題」こそが、すべての問題の基礎にあるという考え方に彼の思想の本質があったといえる。生産の問題は〝最後の勝利〟を勝ち取るための絶対的な必要条件とみなしていたのである。このような生産を重視する思想から、彼は「遷川工廠連合会」(日中戦争開始後に沿海地域から四川省に移ってきた工場の経営者によって組織された団体)の提起した工業界の当面する四大困難――重い税金、資金の不足、原料の欠乏、輸送の不便さ――の解決を政府が行なうべきものとして全面的に肯定し（同五四、六六頁）、この団体の要求を全面的に支持して、同会が発した声明から次のような言葉を引用しているのである。西南と西北は抗戦の根拠地であり、「工業生産力の保持と発展は抗戦のためにさしせまって必要なものであり、建国のために必要なものであり、わが工業界自身の利益のためだけではないのである」（同五四頁）と。さらに彼は、戦後において「工業中国」を建設することを展望して、そのために遷川工廠連合会などの動きを次のように評価していた。「幸いこの数年来、多くの工業家・技術者・労働者が一致して辛苦・努力した結果、後方の工業の基礎をいくらか打ち立てた」（同七四頁）。ここに遷川工廠連合会という経済界・工業界に対する施復亮の親近感と期待とを見ることができるだけでなく、経済界・工業界への高い評価を見ることができる。これは抗戦後期における施復亮の思想的立場を形作る上で重要な要素となったと言うことができる。

彼の「経済漫談」は、以上のように経済活動一般の問題を取り上げながら、最後に彼は銀行業の評価へと論を進めている。彼は、銀行業が現在危機に陥っているとして、これを金融・財政政策によって「正当な生きる道を探してやらねばならない」と主張したのである。それは「銀行が抗戦に対して貢献している」との評価によっている（同八二〜八三頁）。ここには四川銀行の一員であるという彼の立場が反映されているものと思われるが、そこに彼の思想的変化の一端を見ることができると言ってよいであろう。

以上のように、一九四二年秋に書かれたこの「経済漫談」は当面する経済問題に対する彼の考え方を論じたものであるが、全体を流れるその内容は本質的には蒋介石の経済・財政政策に対する批判でもあった。

しかし同時にこの「経済漫談」は、一九二〇年代から一九三〇年代に施復亮に見られた一般的・抽象的な資本主義と資本家に対する否定的認識とはまったく異なったものであったと言うことができるであろう。そこには営利経済=資本主義経済・自由経済の肯定面・積極面を評価し、さらには民間銀行の役割に対しても、それを高く評価するという認識が存在していたのである。それは彼の思想の大きな変化であり、抗戦初期に見た思想の変化がさらに一歩進んだものと見ることができるであろう。その根底には、抗戦勝利のためには、生産の増大が必要であり、それを推し進めるのは資本家・企業家であるという認識が存在したといえるし、同時に彼の社会的地位――四川銀行の一員であり、経済界と密接な結びつきを持つに至ったという変化によるものであったと言えるであろう。

第二節 『四川経済季刊』における施復亮

一九四一年後半以降、施復亮が籍を置いてきた四川銀行とはいかなるものであったか。それは『四川経済季刊』の「発刊の辞」によると、四川省政府と重慶政府財政部の合弁による公営の銀行であり、「国家の金融政策を執行し、全四川経済の発展を使命とする」ものであった。そして同銀行は「省銀行として、四川のすべての経済界と最も密接な関係を生じさせ、相互を了解させ、相互の扶助をさせ、ともに四川経済の不断の発展を図る」ものと位置づけられていたのである。施復亮もまたこの研究所の研究計画を述べた文章のなかで、「四川銀行は公営の銀行であり、全四川経済の発展を助ける使命を持つ」と述べていた。(4)

その経済研究所が発行する専門雑誌の編集長となった施復亮が四川省の経済界および省政府の経済官僚などと、深い結びつきを持ったことは必然であろう。

この雑誌が発刊されたのは、四三年一二月で、カイロ宣言が出された直後であり、第二次世界大戦の帰趨がほぼ見えてきて、連合国の一員としての中国の勝利も展望できるようになった時期であった。したがってそこでの使命は抗戦をいかにして最後まで全うしうるか、また戦後の中国の建設をどのようにするかについての指針を示すことにあったと見てよいであろう。その使命について、同誌の「発刊の辞」は次のように述べている。「現在にあっては、我々は抗戦を最後まで支持しなければならず、戦後にあっては、現代的国家の建設を成し遂げなければならない」(「発刊の辞」)というものであった。つまり抗戦の最後までの貫徹と戦後の近代的工業国家の建設を展望するものであった。

この研究所の所長として、また同誌の編修責任者として、彼がこの使命に忠実に従って論説活動を行なったことは当然であり、また彼がここで結びつきを持った四川省の経済界および省政府の経済官僚などの人士の願望を、ある程度反映した理論を展開したことも必然の成り行きであったであろう。以下彼がこの雑誌で展開した理論を見てみよう。

彼は『四川経済季刊』に発表した論文「中国経済の前途と中国人民の覚悟」[5]の中で、中国の経済の前途はいかにあるべきかについて、次のように展望していた。

中国の経済建設と経済計画の目標は「工業化の促進」が中心であり、そのためには、①経済の民主化が必要であり(それは企業内での民主的作風に支えられる)、②各企業間の合理的競争(自由競争)が必要である。そしてこれらは「政治の民主化が前提であり、条件である」とされる。つまり彼にあっては、経済の工業化と政治の民主化とは中国経済の前途の目標であり、条件であると認識されているのである。そして工業化の手段としては公営・私営、中国資本・外国資本を問わず、それを利用し、その形態も資本主義的と非資本主義的であるとを問わず、生産の発展――工業の発展を目指すものとしたのである。また重工業の発展は中国の生存の条件として重視し、軽工業の発展も民生の発展のために必要とされた。またこれら工業の発展のためにも、農業の発展は欠くことのできない条件であるとされ、そのためには、①土地制度の改革、②水利・防災の強化が必要とされるとした。施復亮は、以上の農工業の発展は民生主義の実現を目的にしたものだとしており、ここに彼の三民主義者としての面目が示されている。そして彼は結論として、中国経済の発展の前途には政治の民主化が、その前提であるとしたのである。

中国の「政治の民主化」の問題は、四三年秋以後国際的にも大きな課題として提起されてきていたものであった。彼の言う「政治の民主化」がそれとの関連で出されたものであるか否かは明らかではないが、彼は抗戦の初期から「政治の民主化」を最大の課題として論及してきていた。しかしこの論文で提起されている「政治の民主化」にしても、「経済の工業化」にしても、この段階ではまだ抽象的な一般論の域を出ていないといってよい。また「民生主義の実現」というのも、その内容はここではまだ明確にされてはいない。

「民生主義の経済」の内容が明らかにされるのは、戦後を展望した論文「戦後中国がとるべき経済政策」(6)においてである。ここでは彼は民生主義の意義から論じ、民生主義が三民主義の基礎であるとし、「中国革命が完成できるか否かは、主として民生主義が実現できるか否かによって決定される」としている。そして民生主義の目標は全人民の経済的地位の平等と裕福な生活を保障することであると言う。彼は民生主義を第一の段階と第二の段階とにわけ、民生主義の第一段階では生産力を発展させること(＝資本主義の発展)であり、第二段階で生産関係の変革を行なうこと(＝社会主義の実現)であると言う。そして工業化は民生主義の前提であり、基礎であり、この工業化のためにはソ連の経験を採りいれ、先進資本主義制度からも学ぶ必要があると言うのである。

こうして民生主義の第一段階では生産の発展を追究するが、それは資本主義の存在を前提とするものである。しかし彼は民生主義と資本主義とは同じものではないと言う。それは民生主義が社会の利益を図るものであり、資本主義は個人の利益を図るものであるからであり、ここに両者の本質的な違いがあると言う。したがって「民生主義の第一段階」では資本主義を積極的に発展させることが展望される。施復亮は次のように言う。「民生主義の第一段階では、資本主義の生産方式の優れた点を多く採用することを恐れず、社会の生産力を発展させ、中国の工業化の促進を加速させる」。「私的資本主義の方法あるいは国家資本主義の方法を問わず、ただ中国の工業化にその力を借りることだけが、われわれが採用できることである」。この第一段階では「資本主義の存在を許容するだけでなく、資本主義の存在を前提とするのである」。このような点から、抗戦終了後の初期の段階では、「資本主義に対する態度はこれを積極的に推し進め、(資本の)節制を消極的にするものと知るべきである」。「資本主義の生産関係は、現在、生産力の発展の障害でないだけでなく、その発展を大々的に促進できるものである」。ただわれわれは「無条件に資本主義を謳歌するのではなく、ただそれが生産力の発展を促進し、中国の工業化を加速できる範囲で、それを利用しようとするのである」。

彼はまた、この「民生主義の第一段階」では、社会主義についてはこれを過度に熱望してはならないとも言う。それゆえ戦後初期の中国においては公営経済領域を過度に大きく確定することはよくなく、経済活動は私人経営に譲り、それに任せる。計画経済は実施することができず、せいぜい経済計画を行なうるだけであろう。第一段階のすすんだ時期に計画経済と国家資本主義を発展させることができるのである。またこの段階で、土地改革を実現する。これによって封建的生産関係を清算する。その方法は土地公債を発行して地主の土地を国家が買い上げることによってそれを行なう。これらの政策の実現の条件としては、①国際的な平和と、②国内の一致団結と民主主義の実行が必要である。

このような四四年における、施復亮の中国経済の前途に対する展望――工業化による民生主義の実現という展望に、施復亮の革命的三民主義者としての面目をはっきりと見ることができるのであるが、彼の言う民生主義の第一段階からその第二段階への移行に関して、その条件は何か、それを可能にする力は何かについて、次のように述べている。

つまり「民生主義の第二段階」が生産関係の変革を内容とするものである限り、それは「社会主義」である。そして民生主義の使命は、「資本主義の発展過程を短縮し、社会主義に進むことを加速することである」。この第一段階から第二段階に至る過程は、次のようなものである。第一段階の民生主義が「全民衆の経済的地位の平等を達成」することによって、「第二段階の民生主義を保障」する。こうしてはじめて「資本主義と根本的な区別ができ、民生主義の第一段階は実現できるのである」。そしてこの目標を達成するためには「第一に計画経済の実行ができ、国民経済領域全体で厚生経済（＝養民経済）の部分を増加させ」、「第二に労農大衆の利益を積極的に擁護し、彼らの組織を強固にし、彼らの力を養い、彼らの政治的地位を高め、彼らをして経済上・政治上および社会上の平等な権利を得させ、民生主義（＝社会主義）を支持する基本的な社会的勢力にしなければならない」。つまり民生主義の第一段階から第二段階への移行の過程は、計画経済の実施と、労農大衆の経済的・社会的地位の向上および政治的力量の強化ということにつきる。

彼にあっては民生主義の第一段階から第二段階への移行過程が社会的にも、経済的にも、政治的にも重大な根本的変革を伴う過程だとは十分に捉えられていないのである。階級的差別のはなはだしい中国の状況の中で、さらに工業化＝資本主義化の進展による階級的な対立が厳しくなることが予想される中で、彼が示すこの課題がどのように達成されるのか、またそれを可能にする政治権力はいかなるものであるのか、それがどのような役割を担うのかなどについての考察は何もなされてはいない。その意味では彼のこの構想は進歩的なものではあったが、きわめて非現実的なものであったと言ってよいであろう。しかし彼はこの構想に基づいて、「経済計画」とその「経済政策」について詳しく論じている。それは計画経済が「自由経済に比べて進歩的な経済様式である」との考えによるものであった。民生主義の第一段階で計画経済を実行し、このなかで「国家資本主義を計画的に発展」させる。なぜならば、それは「容易に社会主義に進むからである」。しかし戦後の中国において実行できるのは、「一種の経済計画を定めることができるだけで」あり、「この経済計画を逐次計画経済に変えてゆく」ことであると言う。しかしこのような経済計画を実施する主体は何か、蒋介石政権がそれを担うのか、それとも別な政権なのか。そうだとすれば別の主体をどう生み出していくのか、それについての考察はない。この点にも彼の理論の非現実性があったといえる。

戦後中国の経済政策の中心を工業化の推進――資本主義的発展におく施復亮にとって、中国農村に存在する封建的な生産関係――地主的土地制度は「徹底的に改革しなければならない」ものであり、「封建的生産関係は清算されねばならぬ」ものであった。この点を彼は「土地政策は戦後経済政策の核心であり、起点である」と述べている。ではそれをどのように行うのか。中共の土地没収政策に反対している彼は、次のような主張を展開する。それは「国家が土地公債を発行して、全国の地主の土地を購入し、それによって平均地権の目的を達成する」と。これによって、「大地主は大部分の公債の利息を産業資本に転化させ、立ち遅れた地主から新しい企業家に変化することができる」。この政策は地主にとって大きな利益である。「なぜならばこれによって流血の革命は避けることができ、平和的に土地問題を解決することができるからである」と論じている。

以上のような政策の実行にとって、その前提とされるのは「一つには国際的な平和であり、今ひとつは国内の民主主義である」。ここから対外的には、「連合国とよく結んで、国際平和を維持し、対内的には団結統一して、民主主義を実行する」ことが必要であるとしたのである。この段階ではまだ国内の内戦の危機が生じていなかった状況を反映して、国内の平和の問題には触れられていない。民主主義の実行が課題として挙げられているだけである。しかしこの民主主義の実行の課題への要求は、戦争の勝利が近づくにつれて、より強く、より現実味を帯びて論じられるようになる。

第三節　四四年以後の論調の変化

四四年における「河南戦役と湘桂戦役の相次ぐ失敗」は、中国の政治情勢を大きく変えるものであった。この年の春以降、高まりを見せてきていた民主主義を要求する広範な大衆運動の進展は、秋には中国民主同盟の結成となって結実し、中国に新しい政治勢力を出現させることとなった。また経済の上でも、物価の高騰という形で「経済危機」が深刻さを増したことは、施復亮にとってもこれまでとは異なる認識をもたせることとなった。

彼が一九四四年秋に書いた論文「経済の安定と勝利の奪取」(7)は、一九四四年になってからの現実の情勢を色濃く反映したものとなっている。それはこの年の前半の河南作戦と湘桂作戦の失敗を挽回する反攻作戦を成功させる方策を次のように提起していた。そのためには「全国の力量の団結が必要であり、各党派の誠意ある合作を促し、人々の注意を政治の民主化の問題に向けさせ、政治の民主化によって軍事面での反攻の力を強めることである」。ここで述べられている「政治の民主化」は、これまでの一般的・抽象的ものではなく、「各党派の誠実な合作」と「人々の注意を民主化へ」という具体的な内容を伴うものであり、より切迫したものとして提起されていた。

また経済面に対する論及においても、経済危機の根源を物価の高騰に求めているだけでなく、その根源に目をむけ、政府が「支出を不断に増加させ」たことによる通貨の膨張に求めたのである。政府の経済政策の失敗にあることを指摘したのであるが、この段階では彼はまだ政府の無策を追及するのではなく、人民大衆の責任について論じていたのである。つまりこの経済危機の克服のためには、「後方のすべての人民が」「努力して生産を増加させ、国民所得を増進させ」、「すべてを国家に供出して戦費に当てることに貢献する」ことであるとしていた。つまり、経済的危機の克服のために生産の増大に力をいれることが大後方人民の共同の責任であると指摘していたのである。そして重要なことは、経済の安定のためには政治の民主化が必要であり、それによって全人民の一致団結が可能となると指摘して、民主化の必要性をここでも強調し、「政治の民主化」こそが抗戦勝利のための最大の課題と主張したのである。

さらに次の論文「経済動員と民主の実行」(8)では、民主政治の内容を、「民有・民治・民享の三民主義の政治」であるとして、経済動員を強めるために民主主義を実行することが必要であるとし、そうすれば人民が自ら生産の増加に努力すると指摘していた。そして過去における失敗は政治・経済に民主主義の基礎がなかったためであると言い、民主的基礎を拡大し、人民の意志と要求を施政の根本方針とすることを要求し、〝三民主義〟の新中国を建設することを希望するとしたのである。民主的政治に対する要求がこの論説では全面に出てきていただけでなく、その内容も具体性を帯びたものになっていた。その内容を彼は次のように言う。「現在の政府は可能な限り速やかにその民主的基礎を拡大し、人民の身体・居住・信仰・言論・出版・集会・結社などの自由を与え、各党派の合法的地位を承認し」、さらに「各級の民意機関を充実し、その職権を高め、各級各種の政治機構を健全にし、無能で汚れた分子を淘汰して、すべての施政を全体の人民に責任を負うものとし、もって人民の意志と要求を施政の根本方針とすべきである」。ここで述べられた「各党派の合法的地位の承認」、「各級の民意機関の充実」という要求はこの段階で始めて提起されたものであった。それは四四年九月に中国民主同盟が結成され、民主同盟の要求として提起された民主化への要求が、彼の要求としても反映されたものと見ることができ、民主政治への要求が具体的になってきていたことを示している。そして彼はその民主化の中身を「民有・民治・民亨を実行する〝三民主義〟」であると規定し、それを実現する「新中国を建設する」ことを希望するとしていたのである。それはまた蒋介石政府の一党独裁の政治と「上から下に命令する」官僚的支配に対する痛烈な批判でもあったと見ることができる。

抗戦末期、勝利が現実的になった段階に書かれた論説「戦後中国の建設におけるいくつかの根本問題(9)」は、「一、二年のうちに光栄ある勝利が獲得できる」との見通しにたって、戦後における中国の経済的・政治的建設がどのようなものであるのかについて、これまでの主張に基づいて、より具体的に論ずるに至っている。

ここで彼は戦後中国の経済建設の目標を「工業化と民生の改善」におくことが根本であるとして、その理由を次のように指摘している。それは工業化があってのみ経済的平等の物質的基礎が提供でき、民生の改善が実現できるのであり、したがって経済建設の主要な目標が工業化にあるとしたのである。そしてその経済建設による民生の改善という問題は「資本主義の範囲内では解決の方法はない」ことを前提として、いかなる方式をとるべきかを、次のように論じていた。われわれは米英の路線をとるべきではないし、不可能でもあるとし、一方、ソ連の路線をとることも近い将来においては不可能であるとして、これらの道と異なる〝第三の道〟を創造するべきであると指摘したのである。この〝第三の道〟とは「(米英とソ連の方法を受けて)自由経済と計画経済の大部分あるいは全部の優れた点を採用し、われわれの経済建設を順調に行って、資本主義の段階から社会主義の段階にいたらしむるものである」。ただこうしてのみ、迅速に工業化を達成し民生の改善を達成するという二大目標が達せられると言うのである。

この思想は戦後における彼の中間派論へと結びついて行く。そして彼はこの第三の道こそが資本主義を平和的に社会主義に揚棄するもので、「孫中山先生の示した民生主義の経済路線である」と言うのである。同時に彼は、彼個人の願望としても次のように述べている。「この二〇年あまり、ずっと社会主義の実現を望んできたし、現在も将来も社会主義の実現を熱望するであろう」。「しかし中国の当面の経済条件から見ると、社会主義を実現する客観的な根拠を見つけ出すことはできない」。だから社会主義の実現という空想を持つことはできず、「近い将来、我々の最も重要な任務は資本主義経済の発展に努力することであり、民生主義の第一段階を完成することである」。「当面、われわれの主要な任務は帝国主義と封建勢力の二つの圧迫を排除し、資本主義的生産体制を順調に発展させることである」。もちろんこの任務の完成のために、「戦後の中国の経済建設で最も必要とするのは、アメリカの資本と技術の援助である」。この点での彼の思考はきわめて現実的であったと言いうるであろう。

施復亮はこの資本主義的な生産体制を構築するための方法としては、国家資本主義の方法を利用することを考えていた。それは利潤追求を第一義的に考える資本主義の生産様式よりも、国家資本主義の体制の方が「進歩した」体制であり、「国家資本主義の経済領域は比較的容易に計画経済を実行」するのに有利だからであり、「民生主義の第二段階に進む」ことができるからであると言う。そして彼は続けて、戦後中国の採るべき制度は改良資本主義の方途であると指摘する。そこでは計画経済と自由経済とが並行して発展できるが、戦争終結後の初期においては自由経済が主要なものであるが、しだいに計画経済が指導的地位を占めるようにつとめる。それが民生主義の第一段階から第二段階に達する「主要な鍵である」。もちろん彼はこの二つの経済領域の間に緊張関係があることを無視してはいない。両者の間には「不断の闘争がある」。だから戦後の初期には計画経済の領域を過度に拡大してはならず、「自由経済の活動範囲が計画経済を超過する」であろうことを指摘していた。とくに封建的な経済体制からの脱却には「自由経済の法則に依拠してのみ完成できる」のであり、したがって戦後の初期には「自由経済の活動領域を縮小すべきではなく」、積極的に拡大すべきであるとして、自由経済＝資本主義経済の進歩的役割を評価してもいたのである。

封建的な経済体制からの脱却のためには「土地制度の改革と農民問題の解決」が必要であることは言うまでもない。そのためには土地改革・農民問題の解決が必要であるという。そしてそこに戦後中国の経済建設の根本問題があるとの観点はここでも貫かれていた。と言うのは資本主義の発展のためには農村からの労働力の調達と食料・資金の獲得が必要だからである。しかし彼の土地改革の方法は、土地没収の方法はとるべきでないとし、その理由として、土地没収の方法は「私有財産の根本的否定で」あり、「現在の社会的条件のもとでは不可能である」と述べてこれを退け、土地公債を発行することによって地主の土地を「購買する方法をとる」とする以前からの主張をそのまま提起している。その土地を農民に分配して孫文の言う〝耕者有其田〟を実現し、それを「土地の国有」と結びつけると主張しているのである。その方法は、孫文の言う〝耕者有其田〟とどのように関係しているのか。それについて彼は次のように述べている。「〝耕者有其田〟の主張は〝土地国有〟の基本政策と結合して運用すべきであり、それだけが〝土地国有〟の一歩である」。そして〝耕者有其田〟の政策は「農民が土地の使用権を持つ」とも解釈でき、その解釈は「その時の政治状況によって決定できる」としていた。ただそれは「〝土地国有〟の基本政策と関係を絶つことはできず、孤立して解釈あるいは運用することはできない」としていたのである。土地改革による自作農の創出と土地国有化との関係については、苦しい論理の展開であると言わねばならない。そして経済建設と農民との関係については、次のように論じていた。「農民が自分の農会（農民組合）を組織することを援助しなければならない」。「農民のこの組織の力は中国経済建設の成功を推し進める一つの基本的力である」と。

また労資の関係については、労働者と資本家の間の激烈な闘争を避けることが工業化の経済建設のために必要であり、「資本節制」はそのための「積極的な経済政策であり、同時に積極的な社会政策でもある」として、それは労資双方にとって有利であるとしたのである。「労働者保護」の政策については徹底的に実行されることが必要であり、その内容は「八時間労働制、最低賃金の制定、工場の安全設備、公的職業紹介所の設立、労働保険制度の実施、労働組合法の制定」などであり、労働者自身が組合を組織して自己の利益を擁護することが重要であるとしていた。

以上が戦後中国の経済建設についての施復亮の描いた青写真であるが、それが実現できるか否かの鍵は、国際的な平和の環境と国内的な平和と統一の維持であり、民主主義的な政治と民主的な経済が必要であるとしていた。そしてこれが「今日の中国の絶対的大多数の人民の共同の要求である」というのが、彼の認識であり、これが実現できるならば、戦後中国の「経済路線も実現できる」と展望されていた。民主政治の実現という課題が前面に出てきたことが、この時期の施復亮の論調の特徴である。しかしこの段階では彼はまだ国民党蒋介石政権のもとで、この構想が実現できると考えていたと言ってよいであろう。抗日戦争の遂行と体制が国民党の蒋介石政権を中心にすることによって成り立っていたものによるのであろう。

この段階で、中国の工業化と民生の改善のためには、政治の民主化が根本的に重要であると認識していたことは、その後の彼の思想の展開にとって重要な意味を持つものであった。

第四節　抗日戦争勝利後における施復亮の思想

抗日戦争勝利後の『四川経済季刊』に掲載された施復亮の論文は三篇ある。そこにはこれまでと若干異なったニュアンスの論調が見られるようになる。その一つ「当面の経済復員の問題」[10]（一九四五年八月二五日執筆）では、戦争によって、国際情勢と同時に国内の政治情勢も変わった。「とりわけ国内の人民の中にはすでに強大な進歩勢力が成長してきている」と評価して、この進歩的な力は、「中国の前進を推し進めている」、したがって〝経済復員〟は「絶対に戦前の状態を回復することではない」と明確に指摘した。これは蒋介石政権が目指していた戦前への復帰という方向を完全に否定するものであった。ここで言う〝進歩勢力〟がいかなる勢力をさしているかは明確にされてはいないが、戦後の新しい国際的・国内的情勢の中で生まれてきた、あるいは成長してきた勢力に「今後の工業化の経済建設事業」への期待が込められていたことは確かであり、それが民族ブルジョワジーであることは容易に想像されうるであろう。

このような認識は次のような言葉にも表されている。「今日勝ち取った勝利の果実は人民のものである」。それを実効あるものにするために、政府に対して民主的改革の実行を要求するのである。とくに経済復員（抗戦中、奥地に移転した企業が戦後日本軍の占領した沿海部に復帰すること）の前提として民主的改革が必要であることを力説した。その民主的改革の内容はこれまでの理念的な民主化の要求に比べて具体的な内容を持つものに変化しているのが特徴である。まずその政治的前提として、平和と団結と民主が必要とし、その具体的中身は「各党派の公然とした合法的地位を承認し、すべての愛国的政治犯を釈放し、各党派を召集して政治協商を行い、挙国一致の真に民意を代表する国民政府を成立し」、「憲政を実施することである」。そして「これが中国の当面する政治問題を解決する唯一の正当な実行できる民主的方法である」と述べているのである。つまり各党派の存在を認めること、そしてそれらの党派が政治に参加すること——人民の現実的な力を承認し、その政治的な行動を提起するものであった。これは抗戦勝利後の民主勢力の政治的民主化の要求が具体的で切実なものになってきていたことの反映であろう。

当面の経済復員については、「生産第一」のスローガンを実行し、抗戦中の経済事業に対して適当な援助と救済を行い、民族資本と買弁資本に対しては異なった待遇をすべきであると述べて、民族資本に対して具体的な要求を行ってもいた。その根底には、「民族資本は中国民族経済発展の主要な進歩勢力である」との認識があったからだと考えられる。ここに抗日戦争と四川銀行の経済研究所の活動を通じて、施復亮の思想に民族資本家（ブルジョワジー）を主要な進歩的な勢力とする捉え方が出てきているのを見ることができよう。これは彼の二〇年代におけるブルジョワジーに対する評価とのはっきりとした違いと見ることができる。二〇年代においては、彼は民族資本家（ブルジョワジー）に対して、次のように述べていた。「民族資本家階級（原文―国民資産階級）は現在ではすでに革命の要素ではなく、買弁階級と封建階級と同様に反動的要素となっている」[11]と断じていたのである。施復亮の認識のこのような変化の裏には抗日戦を通じて民族資本家階級にも大きな変化があったことにもよっている。また彼自身も四川銀行の経済研究所の活動を通じて、民族資本家階級と深く交わり、結びつきを強めたことにもよっていると言えよう。その変化は、すでに四二年秋に書かれた「経済漫談」において、「遷川工廠連合会」の意見と活動を高く評価していたことに示されている。戦後の彼の思想的活動はこの延長線上に展開されていると言えよう。

この年の一一月に書かれ、『四川経済季刊』に掲載された最後の論説「当面の経済危機について」[12]（一九四五年一一月二〇日執筆）では、現実の事態に対してさらに一歩踏み込んだ鋭い批判が展開されるようになる。この論文は彼が民主建国会に加入し、その活動に転じた直後に執筆されたものと思われるが（この論文を最後に彼はこの雑誌の編集責任者を辞任したものと思われる）、そこにはこれまでには見られなかった蒋介石政権に対する批判的観点が明確にされ、これまでにない政治的観点が強く押し出されているのを見ることができる。

彼はここで、抗戦の突然の勝利が、「大後方全体に空前絶後の経済危機をもたらした」と言い、この経済危機はやがて全国的な経済破綻を引き起こすであろうと予測し、その要因を次のように指摘する。それは、立ち遅れた中国で、抗戦の期間中に生産が不足し、富が減少していることに発した官僚資本の投機性と、中国の半封建制に由来する土地制度と農民への搾取、さらには腐敗した官僚資本がすばやく収復区（日本軍の占領地区）に乗り込み収復区の人民を踏みつけにして財を成すなどの誤った接収政策と、でたらめな接収行動をとったこと、それに加えて、自殺的な内戦を始めたことなどによるものである。この指摘の中に蒋介石政権とその誤った接収政策・接収行動と内戦政策に対する厳しい批判が展開されているのを見ることができる。

彼はこの「経済危機」の性質についても次のように指摘している。「当面の経済危機の特性」は、一つにはその普遍性であり、二つには長期性（もし内戦が停止しなければ三〜五年以上続くであろう）、三つには悪質性である。このように分析した上で、彼はこの経済危機を克服するための方策を次のように述べている。経済の面では、①生産の増加、②民生の改善による購買力の向上、③工業化した国民経済の建設、が必要であり、政治の面では、①国内の政治勢力の一致団結、②平和・統一・独立のために民主政治の実行、が必要である。しかもこれらのうち、政治問題の解決がすべての前提となり、とりわけ民主政治の実行が最大の課題であるとしている。

このような観点から施復亮は経済面での解決策を六点にわたって提起しているが[13]、それは基本的には的を射たものと言ってよいであろう。しかし彼にとってはこの経済危機の解決の方向は、個々の経済的な課題の解決ではすまないものと理解されていた。経済危機の解決のためには民主政治の実行が大前提になるというのが彼の真意であった。経済政策を有効ならしむるためには、「まず民主政治を実行し、新中国の政治を民主化しなければならない」。「当面の国内のすべての問題の中心は政治問題である」。「経済・軍事・教育・文化その他一切の社会問題を解決しようとするならば、先に政治問題を解決しなければならない」。「抗戦の時期には政治問題をうまく解決しなかった。だから今日の政治的紛糾が醸成されているのである。もし今日、政治問題をうまく解決できなくてはこの紛糾はずっと残り、拡大し、前途は思うに耐えられなくなる」。施復亮は以上のように政治問題の重要性を指摘し、その「核心は民主と不民主の問題である」としたのである。「従来、人民が国家の主人公となり得なかった、これがすべての政治的紛糾の根源である」。「人民の意志はまだ尊重されるに至らず、人民の力はまだ政治を支配するのに不足している。もし内戦を停止し、平和を回復して統一を強化し、独立を保とうとするならば、ただ人民の力をもって内戦をする双方の当事者に直ちに衝突を停止させるように迫り、民主政治の方式ですべての政治的紛糾を解決することである」。

このように政治問題の解決のために、人民の力を発揮させることが必要だとの認識はこの論文にいたってはじめて展開された論理であった。この「人民の力」が何を指すものであるかについては、後述するようにこの論文の最後の節において明らかにされているが、特徴的なのは、この民主化を妨げる勢力として国民党に対して厳しい批判が展開されていることである。「国民党は政権党であり、中央政府の政権を保持している。それは多くの責任を持つべきであり、まず先に法律を作り、直ちに政権を開放し、一党の専制を取り消し、各党・各派の首脳を招いて、共同で各種の民主的改革を実施する責任を負う」もので、「真の〝還政於民〟（政治を人民に還す）を行う。その時、すべての反対派の口実を拒絶することができ、共産党の声明がどれくらいの誠意を持つのかを図ることができる。同時に民主政治の下で国民党の政治的地位を強固にすることができる」。民主政治の下で国民党の前途にはこのような展望があるにもかかわらず、現実の国民党はこれとはまったく異なったものとなっていると、施復亮は強く批判するのである。

「今日の国民政府は民主的実質を持っていないだけでなく、民主的形式さえ持っていない」。このような事態は国民党の独善的な三民主義の解釈によっている。一つは「彼らの政権は革命によって得たものであるからして、彼らは訓政の権利を有し、軽々しく政権を差し出すことはできない。もう一つの理由は、訓政時代は孫中山先生によって規定されたもので、その教えに違反して建国の順序を変えることができないというのである」。このような国民党の独善的な言い分に対して、彼は次のように批判する。「現在、国民党が言っている建国の順序は、根本的に人民の同意を得ていず、人民に対しては当然、拘束力を持っていない。（だから）国民党は一つの理由を口実にして民主政治の実施を引き延ばすことはできないのである」。したがってわれわれは国民党に替わって考える。「すばやく一党独裁を取り消し、ただちに民主政治を実行すべきであり、政治の方式を用いて目前の政治的紛糾を解決し、決して戦争に訴えてはならない」と。施復亮はこの段階では国民党政権と人民とを明確に区別し、それが対立関係にあるものと捉えるに至っていたのである。抗戦勝利後の情勢の変化を反映したものと言うことができるであろう。

施復亮は国民党に対して批判しているだけでなく、中国共産党に対しても批判的な立場に立っての言論を展開していた。共産党は「言行を一致させるべきであり、極力衝突を避け、つとめて全国の民主と統一の実現を求めるべきである」と、内戦をさけ、民主政治への協力を求めたのである。そして民主政治の実行だけが、「人民のためにも、国家のためにも、国民党のためにも、共産党のためにも、生きる道であり、そのほかはすべて死にいたる道である」と論じたのである。

ではこのような民主政治を実現する責任は誰が担うのか。施復亮はこの論文の最後の節においてその責任を担う勢力が何であるのかを明らかにしている。それが〝民族企業家〟である。歴史的に見れば、ブルジョワジーは近代民主政治の創始者であり、擁護者である。中国においても「彼ら民族企業家は民族意識を持ち、企業精神を持ち、建設の抱負を持っている」。「不幸にして中国の政治はすべて彼らのこのような願望の実現を妨害している」。八年の抗戦では後方の鉱工業は苦境に陥った。しかし「八年の抗戦は彼らを教育した。腐敗した無能な官僚政治も彼らを教育した。生活の中で、また実践の中で彼らを政治に目覚めさせ、自己の責任と力と前途を認識させた。これから以後は、中国の政治闘争は一つの新しい段階に進むであろう」。

ここに見られるように彼は、民族資本家を「進歩的な民主勢力」として高く評価するようになったことである。彼は民族資本家が抗戦中の生活と実践のなかで成長し、自己の責任を自覚したとして、彼らが戦後中国の政治において中心的な役割を担うものと認識するに至ったのである。今後の中国が実現しようとする民主政治については「民族企業家は積極的に指導する責任を負うことによって、一切の進歩的民主勢力が共同して勝ち取らねばならないのである」。すべての民主勢力の反民主勢力との戦いという「この闘争の中で、民族企業家は指導的役割を果すことができ、かつ指導的責任をにない、積極的に勇敢に一切の民主勢力を指導して共同の目標の実現を勝ち取らなければならない」。そして施復亮は「すべての民族企業家と一切の平和を愛する人民が、速やかに一致団結して立ち上がり、すべての力量と方法を用いて、目前の大規模にすすんでいる内戦を制止し、平和を回復し」、「社会を安定させて、当面する重大な経済危機を克服することを希望する」と述べて、当面する政治問題の解決に対して民族企業家の果たす役割に大きな希望を託したのである。ここに施復亮の認識の到達点があったと言いうるであろう。

抗戦末期に至って施復亮の民族ブルジョワジーに対する見方に、このような変化が生まれてきた要因はどこにあったのだろうか。その一つは彼が民族ブルジョワジーと深い結びつきを持つようになったことにあったが、もう一つの要因は、彼の戦後中国の課題が「工業化」であるとの理論にあったと言わねばならない。その理論を現実のものするためには、工業化を担うものとして民族企業家を最大の勢力として頼らざるを得ないということになるのは当然のことである。

この点について一九八二年に書かれた施についての評伝によると、彼は戦後中国の前途の問題に非常な関心を持ち、そこから一九二〇年代の「第一次革命においてブルジョワジーに対して正確な対応ができなかったことに問題があった」として、「党（中国共産党）の民族ブルジョワジーへの政策に携わることが自分にとってもっともよいことだと思い至り、重慶では〝金曜昼食会〟や〝中国経済事業協進会〟などの団体の活動に前後して参加し、いくらかの工商界の友人と知り合いになった」と評されている。(14)

施復亮は、この論説を書いた四五年一一月の初めごろから、抗戦末期に結びつきを深めた工商界の人々と職業教育社の黄炎培などが中核となって推し進めた民主建国会の準備会に参加するようになって行った。彼はそこで積極的に同会設立の準備活動にかかわり、再び政治的活動に参加して行くことになるのである。こうして彼はこの年一二月に成立する民主建国会では一一人の常務理事の一人となり、これ以後、同会の中心的な幹部（＝宣伝部長）として、同会の理論的中心となって活動するようになるのである。[15] 民主建国会の活動が活発化する一九四六年に入ると、彼は四川銀行の経済研究所の職を辞して、同会の機関誌『平民』の編集長として中心的な活動を展開するようになる。それゆえこれ以後の彼の活動は民主建国会の活動とかかわって見ていくことが必要であろう。

注

（1）斎衛平「施復亮伝」『中国各民主党派史人物伝』第一巻（華夏出版社）三二五〜三二六頁。

（2）同　三二五頁。

（3）施復亮『経済漫談』文聿出版社　一九四四年（文中の数字は同書の頁数を示す。水羽信男氏の提供による）。

（4）施復亮「我們的経済研究計画与対於各界人士的希望」『四川経済季刊』（第一巻第一期）。（『四川経済季刊』は水羽信男氏の提供による）。

（5）施復亮「中国経済的前途与中国人民的覚悟」同（第一巻第二期）。

（6）施復亮「戦後中国応取的経済政策」同（第一巻

第四期)。
(7) 施復亮「穏定経済与争取勝利」同(第二巻第一期)。
(8) 施復亮「動員経済与実行民主」同(第二巻第二期)。
(9) 施復亮「戦後中国経済建設中幾個根本問題」同(第二巻第三期)。
(10) 施復亮「当面的経済復員問題」同(第二巻第四期)。
(11) 施復亮「城市小資産階級与民主革命」『目前中国革命問題』二三頁。
(12) 施復亮「論当前的経済危機」同(第三巻第一期)。
(13) 六点にわたる解決策のおおよそは次のとおりである。

① 引き続き通貨を膨張させて、生産を援助し、増加させ、交通を発展させる。

② 後方の鉱工業を積極的に救済し、(略)各種の公共事業を行う。

③ ただちに平和的・合理的な方法で、現行の不合理な土地制度を改革し、農業生産力を高めて、工業の発展と結合する。

④ 保護貿易政策を採用して、わが国の工業の発展を保護する。

⑤ 投機的外貨政策をすぐに停止し、(略)遊休資本を生産の投資に誘導する。

⑥ 労資双方が密接な合作をし、協力して、この難関を乗り切る。

(14) 胡厥文・胡子昂・孫暁村・周士観・馮和法「民主革命時期的英雄戦士施復亮同志」『人民日報』(一九八二・六・一七)。
(15) 『黄炎培日記摘録』(『中華民国史資料叢稿』・増刊 第五輯 八三~八八頁)。

第四章　戦後の政治情勢と施復亮

第一節　民主建国会と施復亮

中国における戦後への動きは一九四三年秋に始まる。それはアメリカ大統領が蒋介石に対して民主化への措置をとるように要請したことに始まると言ってよいであろう。この要請を受けて、蒋介石は九月下旬の国民党一一中全会において「参政会内に憲政準備会を設ける」との言明を行ない、同時に中共との関係についても「中共を取り消す意思がない」と言明したという。(1) この言明によって、同年一〇月、国防軍事委員会のもとに「憲政実施協進会」が設置された。この事実が示すように蒋介石の意図は〝民主化〟を軍事委員会の統制の下に置き、国民参政会の中だけのものにしようとするもので、つまり国民党の指導の下に置こうとするもので、真の民主化とは程遠いものではあったが、これを契機に民主化への胎動が始まることとなった。

憲政実施協進会の設置を受けて、民主政団同盟の指導者たちは国民参政会の中において民主化について話し合いを続け、民主化への動きを強めつつあった。そのような中で職業教育社の黄炎培は憲政のための雑誌『憲政月刊』の創刊を計画するに至った。そしてこの年の暮、抗日救国会の指導者沈鈞儒の古希を祝う祝賀会を開いて、民主憲政への公然とした結集への旗揚げを行なった。これ以後、翌四四年初めから、知識人を中心とした大衆的な民主化運動が展開されるようになった。(2) この時期からの民主化運動の特徴は知識人や学生だけでなく民族資本家と言われる層がこの運動に参加して来たことである。この民族資本家層はすでに一九四三年三月中国全国工業家協会を成立させ、独自の結集を見せていたが、ここに抗日戦争を通じての彼らの政治的成長があったと言いうるであろう。

抗日戦争を通じて中小の企業家＝民族資本家は政府の統制政策によって、自らの企業を発展させることができなかった。その点を工業家の呉羹梅は四四年一月四日の憲政座談会の席上、次のように述べている。「抗戦七年の間、中国の民族工業は台頭することができなかった」。その原因は政府の統制政策が新興の工業を押さえつけたからであると。そして憲政運動が発展するにしたがって、彼らの要求は一層切実且つ大胆に述べられるようになる。五月二〇日の憲政座談会において、呉羹梅は次のように述べるに至っている。「工業界には生産の自由がなく、運輸の自由もなく、営業の自由もない」。これは人民が言論・出版・結社・身体の自由がないのと同じであり、「生産の自由がなくては、抗戦もまたできない」。「今後は、産業界は〝生産の自由〟を要求するスローガンを提出しなければならない。同時に政治の民主化は工業生産の絶対的に必要な条件であり、それがなくては、すべてについて語ることはできない」と。また同じく工業家の胡西園も「工業を救い、生産を助ける第一の問題は、まず先に統制政策を取り消すことでなければならない」と言い、「生産の解放」のスローガンを提出した。[3]

黄炎培もまたある座談会の席において、国家は「なぜ正常な生産活動に対して奨励・指導・保護を加えないのか、それは工商業に生きる道を失わせるものであり」、「内地のいたるところに税関が林立し、税率も重く、〝民営〟は何に頼って〝国営〟と競争したらよいのか。目前の工業生産の原料はみな〝自由〟であることはできず、また〝流通〟もできない」と述べて、政府の統制政策に対して厳しい批判を展開していた。[4] さらにこの年（四四年）五月から六月にかけて、経済はますます困難な状態に陥った。黄炎培の『日記』にはその状況がつぶさに語られている。彼は「工商業界の苦境」について述べ、「物価は狂乱し、前途に大きな危機があり、さらに税務当局の横暴がある」と指摘し、「工業は非常な危機にある」と書き記している。[5] この状況は官僚独占資本以外の民間の中小工商業者にとって非常に大きな困難がもたらされ、彼らと官僚独占資本＝国民党政府との間の矛盾が鋭いものになってきていたことを物語っている。

この間にも民主主義を要求する運動はさらに大きくなり、また深まりを見せてきた。それを背景にして四四年九月一九日には「中国民主同盟」が成立した。これは国民党と共産党以外の中間的な諸政治勢力が一つにまとまり、国共両党に相対する政治勢力として結集したことを示すものであった。このことは民主化の運動をさらに盛り上げることとなった。九月二四日には民間の組織として「民主憲政促進会」が成立した。このような民主化運動の進展に対して蒋介石は、「各方面で民主の潮流が高まっているのは、抗戦七〜八年の収穫である。ただこれを借りて政府を攻撃するのは許せない」と述べて、民主化の運動の発展が政府と対立するものであると捉え、それを政府の統制下に置こうとしたのである。

国民党が民主主義をどのようなものと捉えていたかは、四四年一二月に孫科が憲政実施協進会で述べた訓政終結後の「民主主義の内容」に明らかにされている。それは、①三民主義に服従すること、②蔣介石委員長を擁護すること、③国民党が多数者の党であることを承認すること、であった。[6] これは国民党とその原理を絶対視するものであり、国民党の支配を永久に続けることを意図するものであり、「訓政」と何ら異なるものではなかったのである。一方、これと並行して国民党の中国共産党に対する攻撃も激化した。それは民主同盟が四五年一月一五日に発表した「時局に対する主張」において「一党独裁をただちに終結させ、連合政府を樹立する」ことを主張するなど、中共の主張する連合政府の要求が広範な部分に受け入れられるようになってきたことに対する反動であった。四五年に入ると国共内戦の危機が深まり、抗戦の勝利がまじかになるにつれて、内戦の危機はますます強まってきた。また民主化運動もさらにすすみ、国民党一党専制をやめさせ、政府の抗戦への態度を促すために「国民政府の改組と統帥部の改組」をも要求し始めた。[7]

このような民主化運動の側の連合政府の樹立という要求に対して、二月中旬、蔣介石が「連合政府を組織することは（国民）政府の転覆と異ならない」と発言したことによって、四四年九月の国民参政会以後、四五年初めにかけて連合政府の樹立をめぐって会談が続けられてきた国共両党の関係は、決定的な決裂状態に陥った。国共両党間の関係が緊迫状態に陥る中で、中間党派の指導者たちが調停に乗り出した。この調停工作の中に職業教育社の黄炎培がいた。彼はこの調停活動の中で自らの政治的役割を自覚するようになり、自らの組織を持つことの必要性を考えるようになった。

抗日戦争終結直後の八月二一日、黄炎培は職業教育社の楊衛玉を伴って遷川工業協会理事長の胡厥文をたずねて、国共両党と対等に渡り合える階級的組織の結成の必要性について語り合った。胡厥文もまたその必要性を自覚していた。すでに見たように中小資本家は抗戦中、蒋介石政府の経済的圧迫のもとで自身の経済活動を続けることが困難な状況に陥っていたのである。[8]そのめに、両者の思惑は一致し、民族ブルジョワジーの利益を代表する「政治的性質を持った」組織の結成に向けて動き出すこととなった。これ以後二〇数回の準備会をもって、四五年一二月一六日に民族ブルジョワジーを代表する「民主建国会」が成立したのである。

この準備の過程で施復亮は、四五年一一月初めこれに参加した。抗日戦争の末期に、「抗日戦争によって教育され、腐敗した無能な官僚政治によって教育されて」、「政治的に目覚め、自己の責任と力と前途を認識した」民族企業家を「進歩的な民主勢力」ととらえ、彼らに中国の戦後への期待を込めていた彼は一二月中旬、「中間派論」を書いて、「民族企業家」などの中間派勢力の政治的結集を呼びかけた。[9]彼はこの論説の中で次のように言っている。「今後の中国政治の出路は、ただ民主的な政治を徹底的に実行するだけである」、この民主政治の実行のために、大多数の人民の政治への参加が必要であり、「なかんずく中間階層が政治上偉大な力と積極的な作用を発揮すること」が必要である。つまりそれは中間派が「中心的な政治的力を形成できるか否かに」かかっているとしたのである。そしてこの中間派によって、彼が戦後中国の中心的な課題であるとしていた「中国の政治の民主化と経済の工業化を促進できる」としたのである。そしてさらに彼は当面の国内的・国際的情勢が、「一つの強力な中間派を必要としている」とし、それは客観的に可能であり、主観的には中間分子の自覚と努力にかかっていると指摘したのである。ここで彼が言う中間派とは「民族資産階級と小資産階級」を指し、その中身は「民族資本家・知識分子・小商人・手工業者および大部分の農民」である。その中心的勢力が民族資本家と知識分子にあることは一目瞭然であったと言える。それらは抗日行動と抗日戦争のなかで成長してきた政治的勢力であり、施復亮はそこに中国の今後の展望を見出したのである。この中間派の当面の役割は、「当面の内戦と政治的紛糾に対して」、全国の人民の利益にそって「公平で合理的な裁定を求め」、「左右両派に影響を与えねばならない」としていたのである。

この論説は民主建国会成立の直前に書かれ、民主建国会結成の理論的根拠となるものであった。同会の成立後、彼はその常務理事となり、宣伝部長をかねて同会の理論家として、この後、中心的な役割を果たすようになる。

民主建国会の成立以前、それを促すような政治的・社会的動きが見られた。一一月九日中小工業家で組織する幾つかの団体は、共同で「内戦反対」の声明を出し、国共の軍事衝突に対して産業界の意思を示していたが、この動きをきっかけにして一一月一九日には重慶において「陪都各界内戦反対連合会」が成立し、五〇〇人を超える各界の代表的人士が参集し、内戦反対の意思表示を行なった。この中で、工業家の呉羹梅は「内戦をすることに人民はみな賛成せず、我々工業界はさらに賛成しない。なぜなら内戦をすることは工業建設に前途を失しなわせるからである」と述べ、さらに「速やかに政治協商会議を開いて、多くの人民の代表を参加させ、内戦をやめさせねばならない」と、内戦制止の方向を提起した。(10) 内戦反対と民主主義の実現が、多くの人々にとって当面の最大の課題として意識されていたのである。

民主建国会はこれらの政治的・社会的な動きを背景にして成立した。その構成員は中小工商業者（＝民族資本家）と職業教育社のメンバー（＝知識人）からなっていた。まさに施復亮が論じたように中間派＝中小資本家と知識人を中心とした組織であった。したがってこの組織の目的と性質は中小商工業者の要求を反映するものであった。それは同会の成立大会における大会主席団の発言によって明らかである。成立大会主席団の一人胡厥文は次のように述べていた。「本会設立の最大の目的は民主主義を促すところにある」。その理由は「抗日戦争が終結した現在、工業は衰退する状況にある。その原因を考えるに民主主義がないことにある」と、その目的を明らかにし、同会の性質については「少数の人が支配する団体ではなく」、「全国民を代表するもので、いかなる党派の操縦をも願わない」ものであることを明らかにしたのである。また同会結成の中心人物の一人黄炎陪も民主建国会の立場は、「民衆の立場」であり、「決して一党一派の尻尾とならず、また決していかなる党派をも排斥せず、人民にとって有利な行動に対してはみな賛成し、反対に人民に有害な行動に対しては、断固として反対する」と言い[11]、同会は国共両党に対して相対的に独立し、どちらにも偏らない、民族ブルジョワジー独自の・独立した組織であることを明確にしたのである。またこの組織の目的が民族ブルジョワジーの利益を追求するものであることは、その政治綱領において明らかに示されている。

同会の政治綱領における政治的要求の部分では、民主主義の実現が主要なものとして掲げられているが、経済面での要求では、営業の自由の保障が最大の課題として掲げられ、国営事業の官僚化と私的企業の独占化に反対している。これは抗戦中から強められた官僚資本による民営企業の取り込みなど、蒋介石政府の横暴から自らの企業と営業を守ろうとする最小限の要求であった。また土地問題の解決については「平和的で合理的な手段をとること」とし、その目的は農民の苦痛を解除するものであると同時に、「国家の工業化の障害を除去する」ことにあるとして、資本主義の発展のためであることを明確にしていた。地主との関係については「小作料の徴収を制限し、さらに国家によって債券を発行し」、「地主の合理的収益を保障し、土地資本を生産事業に投入するよう極力指導する」としていた。ここには中共が意図している土地没収政策とは異なり、国家によって土地を買い上げ、その収益を生産事業に転化して工業化の進展に役立てようとする意図が明確に示されていた。この土地問題についての解決の方向は、施復亮が抗戦中に論じていた理論と同じ内容をなすものであった。これらの要求はブルジョワジーの要求そのものであったと言ってよいであろう(12)。

同時に注目すべきことは、民主建国会のこれらの要求が「ただ民主の実現を要求するだけで」、政権の奪取を目的にしてはいないことを明らかにしていたことである(13)。このように自らの階級的な政治組織を持ちながら、自己の政治的・経済的要求を実現するために政権を獲得しようとしないところに、民主建国会の、ひいては中国の知識人と中国の民族ブルジョワジーの特徴があった。それは蒋介石国民党政府の独裁と専制に反対しながら、蒋介石国民党の政権に期待し、改良を通じて自らの要求を実現しようとする中国ブルジョワジーの弱さを反映したものであった(14)。同時にこれは三〇年代後半以後、顕著になった政党とは異なった〝民衆の独自の組織〟という思想、あるいは〝民衆路線〟という思想を反映したものであったと言うことができるであろう。この思想は民主建国会の宣伝部長であった施復亮にも見られるものであり、彼の思想の反映であったとも言いうるであろう。

四六年一月、施復亮がかつて提起したような形の政治協商会議が開催されたことは、内戦の停止と民主主義の実現を要求する人々にとって、その要求の実現による戦後中国の建設が可能であるとの期待を抱かせるものであった。したがってそれぞれの組織と各個人は、政治協商会議に向けて、それぞれの要求を提出していった。施復亮は一二月中に政治協商会議にたいして次の要求を提出した。(15) ①「建国の基本的力は人民であり、政府や官僚ではなく、政党でもない」。したがって「いかに人民の組織を強化し、人民の力を充実させるかが政治協商会議の第一に討論すべき問題である」。②「現在の政府は一党独裁の政府であり、ただちに改組して多党が参加する比較的民主的な連合政府とすべきである」。この政府には政党だけでなく、「農工商業者や教育文化界の代表を含めるべきである」。③速やかに「地方自治を徹底する」。④「ただちに国民大会の選挙法と組織法を改める」。こうして公正公平な選挙を行なって、公正な人士を選挙しうる。⑤ただちに普遍的で大量の軍縮を行う。⑥「ただちに救済の法をもうけて、農工交通などの一切の生産事業を援助する」。この要求のなかに彼の立場と思想は明瞭に表されている。その一つは人民大衆が基本であるということ、また民主的連合政府を組織すること、公正な国民大会の出現を期待することなどの点に示されている。この人民大衆が基本であるという思想は、抗日救国活動と抗日戦争に示された人民大衆の政治的役割と政治的力量に目を向けることによって生まれてきた施復亮の新しい考え方を示している。もう一つの特徴は、その具体化として、今後できるであろう連合政府に農工商業者や教育者などを含めること、農工交通などを救済して生産事業を助けることなど、工業化を目指すブルジョワジーの要求を明確に示していることである。

政治協商会議の開催後、民主建国会をはじめとする広範な人々がこの会議の成功を願って、活動を展開した。(16) このような広範な大衆運動が公然と展開され始めたことは、戦後中国の特徴であったと言える。このなかで民主建国会は最も積極的に活動し、その中で民主建国会などの中間層の政治勢力は自覚を高め、自信をつけていくことになるのである。特に政治協商会議が不十分さをもつものであったとは言え成功裏に終わり、五項目の決議が採択されたことは、彼らに今後の中国のすすむべき方向を与え、それに向けての活動の政治的よりどころを与えるものであった。つまり戦後中国の建国の方向が、国民党一党独裁の方向による建国ではなく、民主的・平和的な方向による建国であることが、この政治協商会議の決議によって明らかにされたのである。

しかし、一党独裁をあくまでも堅持しようとする国民党は、この決議の方向を認めることはなかった。それゆえ「政治協商会議の決議」の実現を目指す方向と、それを否定する方向とが、これ以後激しく闘われることとなるのである。それは国民党の一党独裁による建国方針と、政治協商会議の決議による諸党派の合作による民主的な建国の方針との政治的闘争の様相を強めていくことになるのである。その政治闘争の中で施復亮は重要な政治的・理論的な役割を果たすようになる。

注

（1）『黄炎培日記摘録』（『中華民国史資料叢稿』増刊第五輯　一九七七年一月）四〇頁。

（2）拙著『中国民主同盟の研究』（研文出版　一九八三年）五〇～五七頁。

（3）「大後方民族工業家　要求政府実行民主」『解放日報』一九四四・七・一〇。

（4）同（なお拙著『中国革命と中間路線問題』（研文出版　二〇〇〇年）九六～九七頁参照）。

（5）『黄炎培日記摘録』一九四四年五～六月の項参照。

（6）同　一九四四年一二月二六日の項　同書五九頁。

（7）『解放日報』一九四五年四月一九日「昆明文化会三〇〇余人、発表挽救当面危局主張」『解放日報』一九四五年四月二一日。

（8）『胡厥文回億録』中国文史出版社　一九九四年七七頁。

（9）施復亮「中間派論」『国訊』第四〇五期。

（10）「記陪都各界反対内戦連合会」『周報』第一三期（一九四五・十二・一）八頁。

（11）「民主建国会成立大会紀要」『民主建国会歴史教学参考資料』（中国人民大学　一九八二年）二二頁（以下『参考資料』と略す）。

（12）「民主建国会政綱」同　七～一四頁。

（13）彦奇主編『中国民主建国会歴史研究』（中国人民大学出版社　一九八五年）一六頁。

（14）それを最も典型的に著わしたものが、章乃器の小説「我想写一篇小説——二〇年一夢」（『平民』第四期——『参考資料』七二～七六頁）である。その概略については、前掲拙著『中国革命と中間路線問題』一〇七頁参照。

（15）施復亮「政治協商会議亟応解決的問題」『周報』第一七期（『毎周文摘』）（一九四五・一二・二九）。

（16）前掲拙著『中国革命と中間路線問題』一一〇～一一三頁。

第二節　施復亮のイデオロギー活動

一九四五年一二月一六日の民主建国会の成立後、その重要な幹部となった施復亮は、それ以後同会の中心的な理論家として活動するようになる。それは戦後中国の政治情勢の中で重要な意味を持つものであった。彼は民主建国会の成立前後、「中間派論」を書いて「中間派の大同団結を促」していたが、政治協商会議の開催に対して、協商会議が解決すべき課題として次のような点を提起していた。第一には人民の組織を強化し、人民の力を充実すること、第二に政府を改組して「多くの党が参加する比較的民主的な連合政府とする」、第三に各省・各県の民選議会を成立させて地方自治を実施する、第四に「国民大会の選挙法と組織法を改める」、第五に軍隊を国家化する、第六にすべての生産事業を救済して生産を増大させることの六点である(1)。

この主張の中に彼の思想は明確に表されている。それは〝人民〟が主要なものであるということである。かれは要求の中で「建国の基本的な力は人民であり、政府でも官吏でもなく、政党でもない」と述べていた。人民大衆が基本的な力であるとする論理は、この後も彼の一貫した論理として展開される。また「軍隊の国家化」という要求は第三勢力の一致した要求であり、「政治の民主化」とともに要求されてきたものではあったが、その要求を彼は必ずしも政治の民主化と結び付けてはいなかった。彼の要求のもう一つの特徴は第六番目の「一切の生産事業を救済し援助」して、「生産を増加させることを基本的目標にしなければならない」としたことである。これは人民大衆の生活を安定させるために必要であるとともに、中小商工業者の緊急な要求でもあったのである。これらの要求は、基本的に彼の「民主化と工業化」という戦後中国のあるべき姿を志向したものであった。

政治協商会議が不十分ながらも一定の成功を収めたことは、施復亮をはじめ多くの人々に今後の中国の政治的前途に希望を持たせるものであった。それゆえこの政綱を喜んで受け入れた人々は二月一〇日「政治協商会議の成功を祝う会」を開いたが、この集会は国民党の暴徒に襲われ、施復亮をはじめ議長団の多くが重傷を負わされた。重傷を負った施復亮がこの時語ったことは、この事件が「国民党の統治能力に重大な疑問を生じさせた」が、これが「国民党当局の意を受けたものとは疑いたくない」というものであり、国民党への批判的な意思は示されなかった。

彼が国民党への批判的な態度を明らかに示し始めるのは四月末から五月にかけての時期である。それは国民党の政治協商会議の諸決議に対する否定的態度が明らかになったことによるものであった。彼は次のように言う。「一九年来の国民党一党統制の事実は、わが国が一つの〝党国〟であるに過ぎないことを証明している」。国民党と〝国民政府〟と〝中華民国〟とは、ある人の見るように「三位一体である」と指摘し、さらに「国民党内の頑固派のやり方は依然としていかなる改変もなく」、「国家の権力は彼らが掌握すべきものであり、国家の利益も彼らに帰すべきものである」とみなしている。そのことは「最近の東北問題に最もよく明らかに現されている」と言い、われわれは速やかにこの「〝主権在党〟の〝党国〟を〝主権在民〟の〝民国〟に変え、国民党一党が独占している〝国民政府〟を各党派が共同で参加する比較的民主的な〝国民政府〟に変えねばならない」。「我々が政治協商会議の五項目の決議を擁護するゆえんもこのためである」(2)。ここに見られるように施復亮の国民党に対する批判と憤りは、国民党の政治協商会議の決議を破壊する行為に対してなされているのである。国民党の行為は、彼の〝民主化〟への要求と完全に相反していたからであった。

人民大衆の力を最大のものとし、その現われである政治協商会議の決議の実行を最大の課題としている施復亮は、これ以後この点を主軸にした論理を展開することとなる。

四六年六月、内戦に反対し、国内平和の実現を要求する上海の人民大衆の声は未曾有の高まりを見せ、経済界と知識人層を中心として、「反内戦請願団」を組織して南京政府にその意思を示すべく行動を起こした。施復亮はこれに対して、「これは偉大な真の民意であり、誰も捏造することのできないものだ」と言い、この民意は単に上海人民の共同の意志を代表するだけでなく、「全中国の絶対多数の人民の一致した叫びである」と言い、さらに「国民党内の開明的領袖と党員は、党内のすべての愚かな反動を押しとどめる努力をすることを希望し、偉大な民意を受け入れて、ただちに全国的範囲の内戦を停止し、恒久的平和を確立し、真の民主主義を実行することを希望する」(3)と論じた。ここには中間層の民衆独自の政治行動を高く評価し、それによって要求が実現できると展望していたこと、しかし同時にその要求の実現が国民党の手によって可能であると認識していたことが示されている。この段階では、施復亮は国民党に対してまだ一定の期待を寄せていたのである。

民意を至上のものとするという彼の考え方は、「武力に頼っている」国共双方に対する非難として表明されている。国共両党の武力は、どちらも相手を消滅させられずに、「局面を長引かせる根本的な要因となっている」。これに対するものは「民力」であり、「今後、民力は一日一日と武力を凌駕するようになるであろうし、今後、武力は民力の支配下に置かれねばならず、（そうして）はじめて政治は安定し、平和は保障される」。このように民力と武力とを対立的に捉えることは、武力を保持して交戦している国共両党とは異なる人民の意思の存在を前提にしているのである。そしてその人民の意思（＝人民の力）に内戦を制止する力を託しているのである。「国共両党はなぜ民意に違反して戦争に従事できるのか。それは、絶対多数の人民の力が組織されていず、現われ出ていないからである。しかし内戦が継続し、拡大し続けるならば、多数の人民に出口を失わせることとなる。それは必ず人民の偉大な力が現われ出て、その力でこのような好戦的な反人民の力を清算する日が来るであろう」。「ただ真の民意のみが、遅かれ早かれ偉大な民力となるであろう。民意が民力に変化するならば、すべての問題はただちに解決できるであろう(4)」。

このように人民大衆の意思とその組織された力を、政治問題解決の鍵と考えていた施復亮にとって、民衆の意思と力を発揮させる民主的な政治体制を確立すること、つまり政治協商会議の決議を実行させることこそが、当面、最も重大な課題として意識されていたのである。

これに対して、蒋介石政府は六月末から七月初めにかけて、中共の支配する中原地区に対する攻撃を激化させると同時に、七月四日には「国民大会」の召集を布告した。この「国民大会」の召集の仕方は政治協商会議の決議に違反するものであり、またこの「国民大会」は、国民党が一〇年も前に勝手に決めた民意をまったく反映しない「旧代表」によるものであった。これは多くの知識人や中間派の人々が要求していた民意を正しく反映した代表を新たに選出したものではなかった。このことは、この「国民大会」が国民党一党の専制支配を継続させるものであり、「民主化」に決定的に反するものであることを示していた。したがって、施復亮などの多くの人々は、国民党のこの政治協商会議を破壊する行為に反発し、激しく非難することとなった。

施復亮は次のように言っている。「今回の国民党の国民大会を召集するという一方的な決定は、「国民党当局が再び中共を平等な態度で待遇せず、その他の小党派を眼中に置かない、完全な支配者の地位にたって見下している姿勢を表明したものである[5]」。この時から彼は国民党の一党支配を目指すものが党内の一部の〝頑固派〟ではなく、国民党そのものであるとの認識を強め、国民党への批判と非難を強めることになるのである。そして彼は国民党のこの内戦政策を阻止しうるのは人民大衆の力であるとの論調を強く述べるようになり、七月以降、この「人民」の概念は「第三方面」あるいは「中間派」という概念として、彼の論理の前面に出てくることになるのである。

それは七月一四日の『文匯報』に発表された「中間派とは何か?[6]」に端的に示されている。この論文は、四五年一二月に中間派の結集の必要性を論じた「中間派論」をさらに一歩進めて、中間派の政治的路線がいかなるものであるかを明らかにした重要な意味を持つものであった。彼は言う。「国共問題の合理的解決、中国政治の全面的安定・平和・民主・統一の真の実現、経済建設の順調な進行は、みな一つの強大な中間派が政治のうえで積極的かつ決定的な作用を及ぼすことがなければならない」。「しかし中間派は決して中立派ではなく、調和派でもない。是非の間では決して中立であってはならず、民主と反民主の間は調和することはできないのである。中立と調和は中間派がとるべき態度ではない」。彼は中間派の重要な地位とその態度をこのように規定し、さらにその必然性について次のように述べている。「中国の中間派は、自らの社会的基礎と政治路線と対内対外の明確な政策を持ち、国共両党に対して独立した態度を持っている」。「もし強大な中間派なければ、国共両党の合作は不可能であり、政治の民主化、軍隊の国家化、経済の工業化も実現することはできない」と中間派の政治的に重要な役割を論じたのである。

施復亮が、中間派は社会的な基礎をもっているというのは、中国が遅れた社会であって、農業と手工業が優位を占める小生産者の社会であり、階級分化が十分にすすんでいず、「中間階層がまだ全国人口中の最大多数を占めている」からだと言う。そして彼は民族資本家・手工業者・小商人・工商業の従業員・知識分子・地主・富農・中農（自作農および一部の小作農）などは「みな今日の中間階層である」とし、中間派とは階級的には「民族ブルジョワジーと小ブルジョワジー」のすべてを含むものとしたのである。その政治的立場は「大多数の人民の立場」であり、「大多数の人民の利益を擁護する」ものであるとしたのである。これによって明らかなように彼の言う「人民の立場」というのは「大多数の中間層の人民の立場」であったのである。

中間派の社会的基礎を明らかにした後、彼はその政治路線を次のように規定した。それは「政治上では英米式の民主政治の実現」であり、「いかなる形式の一党独裁にも階級独裁にも反対し、いかなる外国への依存にも賛成しない」路線であり、経済的には「植民地化に反対し、客観的な条件が未成熟な時期に社会主義を試行することにも賛成しない」。そしてこのような中間派の思想上の立場は「自由主義であるべきであり、いかなる思想上の統制と思想の統一（青一色）にも反対すべきであり」、行動の上では、「平和的・改良的であり、暴力革命の行動に反対する」もので、問題解決の方式は、「民主的であり、独断と独裁に賛成しない」というものであった。

このような中間派の内外政策は以下のようなものである。対内政策では、第一に政治の民主化と経済の工業化、第二に「民族ブルジョワジーの受け入れうる範囲内で」、大多数の人民の利益を顧慮し、第三にすべての党派と合作して「三民主義の新中国の建設」に協力することであり、対外政策では、第一に連合国を支持し、世界平和を確保する、第二に米ソに親善政策を採り、米ソの架け橋となる、第三に日本帝国主義の侵略勢力の復活を阻止する、第四に植民地・半植民地の民族解放運動を援助する、などである。

施復亮がここで論じている「中間派」の政治的態度、思想的立場、その政治路線は、この後彼が一貫して論じることとなる「中間派論」あるいは「第三勢力論」の基本的原型をなすものであり、それはまた一九四五年一〇月の臨時全国代表大会で決められた民主同盟の政治的態度、政治路線とほとんど同じものであって、このような政治的・思想的立場と路線は「政治協商会議決議の路線」として、この時期、多くの人々によって共通の認識として共有されていたものであった。

この七月以後一一月の国民大会開催に至る過程は、国民党の政治協商会議破壊の路線と政協路線を擁護する勢力との政治的駆け引きの複雑な過程であった。この中で、施復亮は中間派としての独自な立場を強く押し出すことになる。

一〇月国民党軍が中共の要衝張家口を占領した翌日、国民党南京政府が「国民大会」の召集を公布したことによって、心ある人々にとって、これが国共の軍事的分裂をさらに政治的分裂に至らしめ、修復不可能な国共の全面対決へと事態を追いやるものと憂慮された。施復亮もこの危機的状況に対して、第三勢力の重要な役割を全面に押し出す論調を展開した。彼は「この全面的な分裂の時期」に当たって、国共とアメリカの態度が重要であるが、第三勢力の政協代表の努力も「一つの決定的な要素となりうるし、ある場合には最も重要な要素になりうる可能性さえある」と論じ、第三勢力がこの情勢のなかで事態の解決のために堅持すべき立場と主張とを提起したのである。(7) その内容は彼の中間派論の内容に即したものであり、人民の立場とその利益の擁護を堅持し、さらに政治協商会議の決議の路線を堅持して、第三勢力独自の立場で問題の解決に努力することを主張するものであった。しかしこの時(一〇月末)、国共間の調停にのりだした第三勢力の代表は「即時無条件全面停戦」という主張を前面に出すものであった。この主張は国民党が中共支配地域を侵攻した現実をそのまま認めることを意味するもので、一一月一〇日の「停戦協定」と政治協商会議の決議とは異なるものであり、これまで第三勢力が主張していた「政協決議の実現」という方針と異なるものであり、施復亮がこの時行なった主張とも異なるものであった。これに対して、民主建国会は一一月一日に政協代表に書簡を送り、「独立の立場と独立の主張を持たず、無原則的な仲裁者となるべきではない」と言い、調停が不可能な場合には政協決議の原則に立って、全国人民が共同して奮起し、政協路線を守るよう努力することを呼びかけ、指導するよう主張したのである。(8)

第三勢力の政協代表の調停活動は、軍事的に優位に立ったと考えて「国民大会」の開催にその支配の継続を見据えていた国民党側からは無視され、中共側からは「これまで民主同盟が主張してきた(政協会議決議の擁護という）原則に違反するものだ」と指摘されて、受け入を拒否された。まさに第三勢力の調停工作は失敗に終わったのである。

この調停工作の失敗を受けて、国民党と中国共産党との第三勢力をめぐって展開された政治状況は複雑で流動的な状況を呈するようになる。国民党からは第三勢力が国民大会に参加するよう働きかけがなされ、民主勢力側からは「政協の道」にとどまるよう働きかけられていたのである。[9] つまり第三勢力が国民大会に参加するか否かは、この段階での最大の政治的課題であったのである。一方、このような動きとは別に「全国商会連合会」が全国的な集会を開き、「全国の工商業の危機を救う」ための経済政策の策定を政府に要請することを決めた。これをうけて民主建国会は上海分会を成立させ、民主政治の実現を要望する成立宣言を採択した。同宣言は言う。「工商業の繁栄は平和的統一を前提とし」、中国民族工商業の発展は国家の独立と、政府の保護政策を前提とするもので、「この二つの前提はまた、民主政治の実現をもって前提とするのである」と。そしてその民主政治は政協路線の擁護にある。したがって今回の一方的な国民大会の召集は「政治協商会議の協定の違反をさらに一歩進めたもの」であるとして、国民大会の召集を拒否したのである。[10] 施復亮がこの民主建国会上海分会の成立宣言の起草者として、重要な役割を果たしたことは想像に難くない。

このような複雑な政治情勢の中で民主同盟（施復亮の属する民主建国会もここに参加している）は、一一月下旬国民大会への不参加を最終的に決定した。[11] そのことは同時に民主同盟などの第三勢力が、今後どのような政治的立場をとるのかという問題を提起することとなった。それは民主同盟などが依然として、

「超然とし独立した第三者」の調停人の立場にとどまるのか、あるいは政協路線を破壊した勢力に対して断固として戦う立場に立つのかという問題であった。

この今後の方向を巡って、第三勢力内で重大な論争がまき起こってきた。施復亮はこの論争のなかで一方の最強の論客として活躍することとなる。一二月中旬、彼は次のように主張した。「国民党も共産党も、現在の情勢の下では、ともに武力で相手方を消滅することは不可能である」。したがって「目前の局面を転換させようとすれば、第三勢力が強大にならねばならぬ。第三勢力の多くの主張は中共と同じであり、中共と合作すべきであるが、中共の武力反抗に参加することはできないのである」。「内戦では絶対に問題を解決できない。その結果、政協の道にかえって政治的方法によって解決しなければならなくなる。（したがって）中国の民主政治には強大な第三勢力が存在しなければならぬことは非常にはっきりしている」。現在、第三勢力は組織を強化し、政治的力量を強めるならば、「戦争が停止して後、国内に各党派が長期に合作する局面を出現させることを可能とするのである」。このような立場から、彼は第三勢力の組織について言及し、民主同盟を「団体を単位とし、各団体が全権代表を派遣して組織に参加する」組織形態に改めることを提案したのである(12)。

第三勢力の今後の政治的方向についての議論が盛んに論じられた背景には、国民大会が開かれたという新しい段階において、国民大会への参加を拒否した第三勢力の今後取るべき政治的態度がどうあるべきか、なかんずく第三勢力の中心である民主同盟がどのような立場に立つのか、どのような政治方針を採るのかという重大な問題が存在していたのである。そこには二つの方向が存在していた。一つは施復亮などに見られるような民主同盟を中間層の党派の連合体として、強大な組織的・政治的力を持たせ、独自の政治的立場と独自の政治主張と独自の政治的役割を果たさせようとする意見であり、他の一つは民主促進会主席の馬叙倫が論じたような「民主主義を勝ち取る現段階では、民主と反民主の二つの勢力があるだけで、第三勢力があるのは許されない」、民主同盟をはじめとする第三勢力は中共とともに「強固な民主戦線をうちたてる」だけであるとする意見である。(13)

この論争に対して上海の新聞『文匯報』は、論争を積極的に組織した。四六年末から四七年初めにかけて、多くの論者がこの論争に加わった。それだけこの問題が注目されていたことを示している。そのなかで施復亮は「中間派論者」として中心的な役割を果たした。彼は馬叙倫への反論の中で、第三勢力の政治主張と政治的態度について、次のように論じた。一つは平和・民主・団結・統一の政協路線を断固として擁護し、その実現のために努力する。二つには国民党支配集団の政権の独裁的掌握と民主主義の偽装の企てに断固として反対し、現政府の人民の利益に反した政策と行動に反対する。しかし暴力的手段をもって現政府を転覆しようとは願わず、平和的闘争の方法をもって民衆を喚起し、組織して国民党当局に政協の道に立ち返るよう迫る。三つには、一党の専制に反対し、政協の道を擁護するという一点で中共と合作するが、中共の軍事行動に参加すべきではない。(四は、対外政策)。五つには、土地改革の実行を主張し、民族資本主義の発展を主張し、官僚買弁資本家と大地主に反対し、人民生活を改善する。六つには、国共の紛糾に対しては調停者でも超然とした中立でもなく、人民の力に依拠して、多数の人民の利益を擁護する。施復亮は第三勢力の政治的立場と態度をこのように示して、民主同盟が今後「第三勢力の政治力を団

結するよう積極的に指導し、しかる後に第二方面（＝中共）と強固な民主戦線を結成することができる」としたのである。(14)

馬叙倫と施復亮との論争に典型的に見られるような第三勢力の今後の政治的方向と政治的態度についての見解の相違は、どこに起因するのか。表面的には馬叙倫が民主主義の実現に最大の課題を置いたのに対して、施復亮は内戦反対・平和の実現を課題にしているように見える。しかしより根本的には、両者の違いは国民党政府に対してどのように対処するかという点にこそ存在したのである。つまり馬叙倫の立場は、国民党政府を反人民的なものとして打倒する対象と見ているのであり、施復亮の立場は国民党の現政権についての否定的な見方に立つが、しかし「暴力的手段をもって現政府を転覆しようとは願わず」、国共の軍事的対立をやめさせよう（＝内戦反対）という点にあったのである。そして国共の両者を和解させようとするためにはその架け橋となるべき中間層が強大なものとして存在する必要があるというのが施復亮の論拠である。「革命的三民主義者」としての施復亮にとっては、あくまでも国民党政権のもとでの中国の民主的・平和的発展が望まれたのである。それは中共の政権掌握に対する警戒と裏腹のものである。この時期に開かれた経済界のある会合で、彼は「内戦をさらに続けることは共産党に材料を与え、機会を作らせるものだ。経済全体を崩壊させてしまって、工商界はどうして生き残ることができるのか」と述べて、その警戒心をあらわにしていた。(15)

このような状況の中で中国民主同盟は四七年一月、二中全会を開き、今後の政治方針とその政治的立場を確立した。それは「理非曲直のあいだには絶対に中立の余地はない」ということであり、「民主主義とニセの民主主義のあいだには、絶対に中立の余地はない」ことを明確にし、今後は「局外中立の仲裁屋」とはならず、「第三者の調停者」にとどまるものではないことを鮮明にした。しかし民主同盟の二中全会が同時に民主同盟は「独立の屹立した政治団体であり続ける」としたことは、第三勢力＝「中間派の独自の政治勢力」という見解に一定の根拠を与え、再び中間路線論争を惹起する根拠となった(16)。

民主建国会の指導者施復亮は同会の黄炎培と相談の上、二月下旬、民主同盟に加入した。その意図がどのようなものであるかは断定できないが、民主同盟の路線を、より中間派的なものに近づけようとしたものであろうと推測される。このような立場から、彼は三月はじめ、雑誌『時与文』の創刊号に、「中間派の政治路線」を発表して、これまで論じてきた中間派の政治路線を、より精細な理論として展開した。彼はそのなかで、中間派の主張する「内戦反対」の意図するところを次のように述べている。政治協商会議の路線は「一種の中間性あるいは中間派の政治路線である」。そして今日の中国の客観的な条件のもとでは、この政治路線のみが「全国人民の共同の要求と国家全体の真の利益を代表するに足る」ものである。その政治路線（＝政協路線）の企図するものは、「平和的合作の方式によって、政治の民主化、軍隊の国家化、経済の工業化を実現する政治路線」であるとする。そしてそれを実現する「闘争方法と態度は、平和的・漸進的で、本質的に改良的なものである」と言う。この平和的な政協路線に対して、今日の内戦は「武力をもって武力に対抗し、武力をもって反対者を打ち負かすことを企図するものである。これは今日国共両党が一致して平和合作の政協路線を放棄し、引き続いて武力を利用して政争に従事している客観的な原因である」。それは「全国の民意（なかんずく中間階層の意思）に反する残酷無比な武装闘争――内戦」の原因となっているのである。「この内戦が猛烈にすすんでいる時期に、ただ中間派とそれが代表する中間階層のみが、真に政協路線を擁護する人であり、国共双方にただちに内戦を停止し、政協の精神と原則と方式によって、当面する一切の政治問題を解決することを希望しているのである」。国民党も共産党もともにこの政協路線に違反して内戦を始め、継続しようとしている。

施復亮にとっては、この内戦に反対することが中間派にとって最も重要な課題であると意識されていたのである。その理由を彼は次のように述べている。「もし内戦が長期に継続し、中国の問題がただ武力だけで解決することになるならば、中間階層と中間派は中国政治のうえで重要な地位を持つことができず、いかなる独立した作用をもなしえないのである」。ここからして「内戦反対は中間派の基本的態度」となるのであり、「ただ内戦が停止し、平和が回復して後、中間派の政治路線は初めて実現が可能となる」のである。ここに彼の真意が語られているといってよいであろう。彼はまた次のようにも言う。もし内戦が継続し、「その中で、最後に中共によって決定的勝利が獲得されたとするならば（その可能性はあるのである）、それは中共を中心とした政権をうちたてる可能性がある」と述べて、中共の政権掌握に一抹の不安を表明していたのである。(17)

中間路線についての論争がまき起こされていた時期の政治経済情勢はどのようなものであったのか。四六年末から、物価は上昇し始めていたが、四七年に入るとその速度を速め、二月一二日には、法幣の極端な下落に始まる金融恐慌が起こり、国民党支配地区に経済的崩壊現象が現われてきた。また同じ時期に、上海のデパートの労働組合指導者が暗殺され、国民党支配下の各都市に血なまぐさい状況が生み出され、蒋介石政府は二月二八日、中共の南京・上海・重慶にある連絡事務所を三月五日までに撤収するよう通告した。また民主同盟の指導者、章伯鈞・羅隆基などにたいして「アカ」のレッテルをはり、上海から立ち退くようにせまる動きも出てきていた。まさに民主と反民主との戦いが熾烈に展開され始めていたのである。これをある論者は「国民党の後方において、政府と人民との内戦がまさに展開されつつある」と論じていた。[18]このような状況に対して香港の新聞『華商報』の社説は次のように論じた。中共の連絡事務所の閉鎖は、単に中共一党だけの自由と合法の問題ではなく、「すべての民主党派・民主人士からも、すべての自由を失わせることを含むものである。現在、国民党の支配地区は完全に暗黒と化してしまった！」これは国民党が政協路線を正式に放棄して、今後の政策が反共・内戦・反人民・独裁であることを宣告したもので、「中国の半分は暗黒に陥った」。「現在の問題は、中国人民はどうするのかである」。中共の解放区の人民は血と肉をもって、この暗黒を打ち負かそうとしている。「国民党支配地区の人民はどうか。血と肉をもってこの暗黒を打開し、平和と民主主義を闘いとること以外に、そのほかの道を歩むことはできないのである」。[19]この社説の現状認識は、まさに中国の現状が平和的・民主的・改良的な前途が失われたことを示しているとしたものである。この指摘のように三月三日には重慶の民主同盟の機関紙『民主』も発行停止に追い込まれたのである。

このような状況の中で、施復亮は中間派の必要性について次のように言う。「今日の絶対多数の知識分子はひたすら国民党の〝覇者作風〟に深刻な嫌悪と絶望をしめしているが、左翼の党派の政治路線に追随することは決してない。この一部の知識分子は、今日一種の進歩的民主分子であると承認せざるを得ず、当面の平和と民主をかちとる運動の中で重要な地位を占め、重要な作用を発する可能性があると承認せざるを得ない。このほか、工業界と農民の中にも同様な状況がある」[20]。このように国民党に絶望しながらも、共産党にも同調し得ない多くの知識人の存在を、彼は〝中間派〟の基礎であることを明らかにし、そこに中間派の団結と組織化を主張する理論的・現実的な根拠を見出していたのである。そしてさらに彼は中間派の結集を主張する根拠について、次のように述べていた。「内戦は中間派にとって最も不利となる。もし長期に（内戦が）続くならば、中間派を瓦解させる可能性がある。もし内戦をやめさせ、なかんずく最短期間に内戦をやめさせる強大で独立した中間派が存在するならば、決定的な作用を発することができる。平和が回復して後、民主政治を実行するとき、中間派は重要な決定的力である」[21]。国共の対立の中で、どちらも指導権を取れない状態であるとの認識から、その中で中間派が政治的に重要な役割を果たし、それが指導権を握りうるか否かに、今後の中国のあり方を求めるという姿勢がここには見られる。それは中共の指導権の確立（革命の成功）に期待を寄せている左翼の論客からは反論されることとなる。

左翼の理論家李平心は、ただちにこのような施復亮の中間派論に対する反論を行なった。平心は中間階層の政治的代表である第三勢力が歴史的に果たした積極的な意義と役割について高く評価し、「それが独立の地位をもっている」ことを承認しながらも、現在の民主と独裁、平和と内戦、統一と分裂という闘争の中で、それが「第三の政治路線、あるいは中間の政治路線を別に開設しなければならないということではなく」、「両者の間に一つの選択ができるだけであり、民主運動のなかでの特殊な兵団であるだけである」と指摘したのである[22]。つまり平心は、第三勢力が民主勢力の一翼として民主運動に参加する必要性を指摘するとともに、中間派として、ことさら別の政治路線を開設することが不必要であると指摘したのである。
このような論争が進む過程で、施復亮の言う「中間派の政治路線」は次第に具体的な形を帯びるようになっていった。「中国を真の民主国家にしようとすれば、二つの武装した〝特別の政党〟を、武装していない〝普通の政党〟に変えねばならない」と言い、「国共両党が同時に武装を解除し、性質を変えることを要求しなければならない」と指摘したのである。[23] かつて中間派は民主勢力の一部であると言明し、中国共産党との合作にも言及していた状況とは異なり、四七年五月の段階では彼の考え方には、中間派の政治路線は明確に国共両党と区別され、対立する〝別の〟政治路線として認識されるに至ったのである。そして中国共産党に対しても次のような批判的な見解も述べられるようになった。「今日多くの人（特に自由主義的知識分子）は国民党を嫌悪しており、同時に共産党を恐れている。彼らが共産党を恐れるのは二つの点にある。第一は、共産党の作風が国民党に比べて、一層非民主的であることである。第二は、共産党は将来革命をしようとしていること、一党独裁を実行しようとしていることを恐れているのである」。[24]
このような考え方は、当時の一般の知識人の考え方を著わしているものであり、施復亮の「中間派の独自性」の論拠もここにあったといってよいであろう。したがって中共との合作、民主連合政府の成立を可能とするためには、この考え方の克服がなされなければならなかったのである。
四月から五月にかけて、客観情勢はさらに悪化しつつあった。三月から四月にかけて、米価は七〇％もの上昇を示し、これに対して賃金の上昇を抑えられた労働者は、生きるための戦いに立ち上がらざるを得なくなった。自然発生的なストライキと暴動が各地で発生し始めた。杭州、上海、南京などの都市では米騒動が起こり、騒然たる状況が生まれ出ていた。山東大学や河南大学の教授が待遇改善を要求するストライキに入り、南京―上海鉄道労働者の生活指数の凍結解除（政府が生活指数を設定して物価の上昇とは無関係に、それを賃金の基準とするもので、このことは現実の物価の上昇と生活指数とのはなはだしい乖離をもたらすこととなる）を要求するサボタージュ、上海の工場労働者の同じ要求でのストライキなど、五月上旬には広い範囲で騒然たる状況が生まれ出ていた。その中で、それほど左翼的ではない上海労働協会が五月一二日からゼネストに入ることを宣言し、その宣言の中で、要求が入れられなければ「公共事業を接収し」、「自らの地方政府を組織するだろう」との決意を明らかにし、権力を奪取する意図を示し始めていたのである。このゼネストは国民党の脅迫のもとで不発に終わったが、労働者たちは自然発生的に闘争を継続していた。この労働者の闘争の高揚に刺激されて、五月一四日以後各地の大学生がストライキに立ち上がった。[25]まさに「反飢餓・反内戦」といわれる闘争が全面的に展開され始めたのである。

この状況を指して、『華商報』の社説は「人々はもはや生きていくことができなくなり、（政府は）鎮圧することもできなくなってしまった。上海の米騒動は事の始まりに過ぎない」と指摘し、何人かの民主党派の指導者も「人民はすでに全面的に立ち上がって自己の要求をたたかいとろうとしている」、「大衆は生存のために最後の闘争をしようと思っている」と論じていた。[26] 蔣介石国民党政府はこれに対して、何らかの対処をせざるを得ない状況に直面した。そこでとられたのが、この年末に予定していた「国民参政会」を急拠開いて、和平を実現するかの外見をとって事態を糊塗しようとしたのである。一部の右翼的指導者もこれに同調して「和平運動」を展開し始めた。「和平の実現」を最大の課題としていた中間派の指導者は「和平の実現」が可能であるかの幻想をもってこれに応じ、国民参政会に参加していった。しかしこの国民参政会の招集は、内戦の事態に何らの改善をもたらすものではなく、中共に内戦継続の責任を負わせることを意図したものに過ぎなかった。それゆえこの国民参政会に期待した中間派の勢力も失望した。

五月上旬から中旬にかけて高まった都市の民衆の闘争と、五月下旬の「和平運動」の失敗の経験は、第三勢力の思想状況に決定的な変化をもたらした。香港に逃れていた民主党派の活動家たちは、六月中旬、討論会を開き、〝中間路線〟の実現の可能性について討論し、その結果、中間路線の実現の可能性はないとの結論に達した。この討論に基づいて書かれた鄧初民の二つの論文は、中間路線には現実の根拠がなく、中間層、中間派もいまや中共と同じ政治路線＝民主路線の実現に邁進せねばならないと述べていた[27]。

このような事態の推移は、施復亮にとっても何らかの変化を強いるものであった。彼としても中間路線の実現の根拠が失われつつあることに気づき始めていた。それは八月中旬に書かれた文章のなかの次の言葉によって明らかである。「『時与文』の編集者はしばしば私に原稿を書かせようとした。（しかし）三ヶ月来、私はひたすら沈黙をもって抗議にかえ、いかなる文章も発表してこなかった。内戦にこのように力が入っては、我々内戦に反対している人間に何を謂わせようとするのか？[28]」。ここに彼の思想的動揺が、はしなくも示されていると言ってよいであろう。

何人かの右翼的人物による『民主国際』という反ソ反共の組織が必要だという主張に対して反論した論文では、施復亮は「自由主義の基本精神は進歩的な傾向であり、反動を嫌悪するものである。だから社会主義あるいは共産主義を友とすべきで、それを敵とすべきではない」。このことからして「中国の自由主義者にあっては、すべての進歩勢力と合作し、共同して反動勢力と対抗すべきなのである」と、進歩的な側面、共産主義との合作という面を強調していた。しかし先の鄧初民の論文を読んで後の一〇月に書かれた彼の論文は彼の持つ別の一面を示していた。彼は「最近、鄧初民先生の二つの文章を見て、この問題に沈黙の態度をとることはできないと考えた」といい、次のように反論した。「私が奇怪に思うのは、いくらかの中間派あるいは〝第三方面〟と自ら任じている友人も、中間派の独立性と中間路線に盛んに反対していることである。本当のところ、中間派の立場に立つならば、私の主張に根本から反対すべきではない」と、中間派の独立性を強く押し出したのである。そして中共に対しては、国民党と一緒になって政協路線を放棄したものとして、次のように非難した。「今日、国共両党は民意に反する内戦を進めていることは事実であり、『一致して平和合作の政協路線を放棄している』ことも事実である」。「中共の軍事行動が政協路線に根拠を持っているということは決してできない」。そして中共との政治路線については、政協路線が完全に破壊されるまでは、「中間派と中共とは大体において同じ道をとっていた」。しかし昨年一一月以後、「目標は同一であったとしても、双方は再び同じ道を歩むことはできなかった」と、中間派の平和的路線と中共の軍事的路線との違いを明確にしたうえで、次のように論じた。「いかなる独立した政党も、ただその政党の政治路線を遵奉するだけであって、断じて他党の政治路線を遵奉するものでないことは道理である」。「中間派と左翼の党は共同の政治路線に依拠して、長期の合作が可能である。しかしいかようにしても両者のあいだにイコールを書くことは不可能であるし、自己の政治路線を放棄して他党の政治路線に追随することはできないのである」(29)。ここに彼の心中の動揺を見ることができるであろう。進歩勢力との合作が必要であるとの認識がある一方で、中共の一党支配にはなじまず、それには反対するという中間派の典型的な思想を表していた。

施復亮がこのように左翼の党との違いを明確にし、中間派の路線にこだわった背景には、客観的な情勢の推移が存在したことがあろう。四七年七月以後、中共軍の反攻が始まり、各地で中共側が国民党に奪い取られた地域を奪還し始め、一〇月には「中国人民解放軍宣言」が発せられ、中共軍の全面的な反攻が始まったのである。先の「内戦にこのように力が入っては」という彼の嘆きはまさにこのような状況に対するものであったといってよいであろう。しかもこの時期の中共側の全面的な反攻は国民党の支配を覆す可能性を帯びるものであったし、それはとりもなおさず中共の支配権の確立を予想させるものであった。

このような状況に対して、施復亮が中間派の政治路線――国民党蔣介石の一党支配に反対し、民主政治と国内平和を求める点では中共と同一歩調をとるが、中共の革命的軍事路線には同調しないという独自の政治路線――に固執し、中共との路線の違いをことさらに強調したのは、中共の支配に対立して中間派の政治路線のもとでの事態の収拾を図ることを意図するものであり、中間派＝民族ブルジョワジーの路線のもとでの国家建設を意図したものと言うことができるであろう。それはまさに中共の政治路線による事態の収拾に対する恐怖を示すものでもあった。それは彼の中共の路線に対する次のような批判にあらわれている。「階級社会では、思想は絶対に統一できないし、〝一つに統一することが尊い〟という妄想をもつべきではない。マルクス＝レーニン主義が正しいとしても、全国人民の大多数が了解し、それを受け入れるようにすることは不可能である」。「現在まだ次のように言う人がいる。『我々は現在自由を勝ち取ろうとしている。国民党の支配下では自由の問題は多いか少ないかの問題である。もし共産党が政権をとったならば、この自由は有るか無いかの問題に変わってしまう』。このような疑問は相当普遍的なものであり、」「〝絶対に根拠の無いものだ〟ということもできないのである」[30]。ここに施復亮の思想の二面性――左翼の党と合作することはできるが、同時にその左翼の党の支配には反対するという二面性――が示されていると言いうるであろう。彼の中間派論の本質はここにあったのである。

注

（1）施復亮「政治協商会議亟応解決的問題」『周報』第一七期（一九四五・一二・二九）。

（2）施復亮「国民党与『国民政府』及『中華民国』」『文萃』第一巻第二八期（一九四六・六・二〇）。

（3）施復亮「偉大的民意与愚蠢的反動」『周報』第四三期（一九四六・六・二九）。

（4）施復亮「要解決問題只有依拠民力！」同　第四四期（一九四六・七・六）。

（5）施復亮「我門要怎様的〝国大〟？」同　第四五期（一九四六・七・一三）。

（6）施復亮「何謂中間派？」『文匯報』（一九四六・七・一四）。

（7）施復亮「敬告第三方面政協代表」『民主』第五三・四期（一九四六・一〇・三一）。

（8）「民主建国会致第三方面政協代表函」『民主建国会歴史教学参考資料』中国人民大学　一九八二年　九六～九七頁。筆者はかつて施復亮が「即時無条件全面停戦」を主張して、政協路線から逸脱した主張をしたとして無原則な停戦の方針を提起したかのように論じたことがあるが、これは彼の論文を読み違えたものであり、誤りであった。正しくはここで論じたように理解すべきであることをお

断りしておく。(『中国の知識人と民主主義思想』「第五章　施復亮と中間路線論」二〇八頁)
(9) 社論「第三方面的道路」『文匯報』一九四六・一一・三。
(10) 「民主建国会上海分会成立宣言」『文匯報』一九四六・一一・一一。
(11) 「民盟在京招待記者声明決保持第三者地位」『民主同盟文献』一五九頁。
(12) 「新第三方面的成長――上海人民準備行動了」『華商報』一九四六・一二・一二。
(13) 馬叙倫「再論第三方面与民主陣線併質民主同盟」『文匯報』一九四六・一二・二八~二九。
(14) 施復亮「論『第三方面』与民主陣線」『文匯報』一九四七・一・八。
(15) 「内戦下的通貨膨張与信用緊縮――記『経聯会』第一七次座談会」『経済周報』第四巻第一期(一九四七・一・二)。
(16) 拙著『中国民主同盟の研究』研文出版　一九八三年　二七〇頁。
(17) 施復亮「中間派的政治路線」『時与文』第一巻第一期(一九四七・三・一四)。
(18) 拙著『中国の知識人と民主主義思想』研文出版　一九八七年　第五章　二二六頁参照。
(19) 社論「半個中国黒暗了!」『華商報』一九四七・三・二。
(20) 施復亮「中間派在政治上的地位与作用」『時与文』第一巻第五期(一九四七・四・一一)。
(21) 同。
(22) 平心『論第三方面与民主運動』香港知識出版社一九四七年　四二頁。
(23) 施復亮「中間路線与挽救危局」『時与文』第一巻第八期(一九四七・五・二)。
(24) 同。
(25) 前掲『中国民主同盟の研究』一八三~一八四頁参照。
(26) 社論「従米到血」『華商報』(一九四七・五・六)および「民主党派領袖話時局」同(一九四七・五・一六)。

(27) 鄧初民「中間路線没有現実的根拠」『光明報』新二一号（一九四七・七・五）、同「再論中間路線問題」同　新二二号（一九四七・七・一九）。

(28) 施復亮「錯誤的〝看法〟与反動的〝対策〟」『時与文』第一巻第二三期（一九四七・八・一五）。

(29) 同。

(30) 同。

第三節　施復亮の思想的転換

一九四七年一一月、蔣介石政府の弾圧によって自ら解散に追い込まれた中国民主同盟は、同盟内部の激しい論争を通じて翌四八年一月五日に三中全会を開き、「中間路線を否定した」新しい方針を確定して再建された。また四七年末には国民党内の反蔣派・革新派が大同団結して「国民党革命委員会」を結成した。これらの動きは中間層の民主勢力が反蔣介石・反南京政府の陣営を結集したという意味を持った。

これらの反政府陣営結集の動きに危機感を持った『大公報』は一月八日、社説「自由主義者の信念」を発表して中間層の国民党政府側への結集を呼びかけた。同社説が説くところは、次のような五つの「基本的信念」をもった自由主義者が中間路線を主張して、「両極化の世界の潮流に反対して」いるとして、その信念を持ったものの結集の必要性を説いたものであった。その基本的信念というのは、①「政治の自由と経済の平等をともに重視し」、②「理性と公平を信じ、一時の感情や闘争心や武器に反対し」、③「大多数の幸福を前提とし」、④「民主的な多党競争に賛成し、いかなる一党の独裁にも反対し」、⑤「いかなる革命も改良を伴うと考える」という五点であって、その基本点は四五年一〇月の民主同盟臨時全国代表大会が採択した「政治報告」に盛られた思想と同じものであった。それをこの時期に再び引き出してきて、その思想と路線のもとに「自由主義者」の結集を説いたところに、この社説の政治的意図があった。

この社説が出された三日後、施復亮はこの社説の論理に則して「自由主義者の道を論ず」(1)を書いて、次のように論じた。「今日の中国の自由主義者は〝不妥協の精神〟をもって、〝進歩〟に反対する〝現状〟に対して〝闘争〟するものでなければならぬ。これが今日の中国の自由主義者の道である。この道は必要であるだけでなく、可能でもある」。ここで彼が自由主義者の定義を「進歩」に求め、「現状に対して闘争」することに求めたことは『大公報』の社説の内容と大きく異なるところであり、すでに四七年八月の段階で示されていた施復亮の思想に表されていたものであったが、ここではその思想の変化をさらに鮮明にしたことを示すものであった。彼にあっては、国共両党以外の第三の道があること、そして自由主義者は「自分の願うこの道を行く」ことは当然の前提とされており、その道で「ごく近い将来実現できる前途は、おそらく新民主主義の政治と新資本主義の経済」であり、その実現には自由主義者は「極めて大きな責任を負わねばならない」と、自由主義者の独自性を強調していたのであるが、その内容にはこれまでの論理と微妙な違いを見せていた。「自由主義者の多くは漸進的で改良的な方法を用いて政治・経済・社会の各方面の進歩を求めることを望んでいる。しかし彼らは支配者が頑固で反動的であって、改良の希望がまったく無いとわかった時、彼もまた毅然とし決然として革命の道を行くようになる」。「自由主義者は流血の革命を避けようと望むが、それ以上に反動を憎む。革命は反動の結果であり、反動の原因ではない。もし結果に反対しようとするならば、まず先に原因を消滅しなければならない」。「自由主義者は終始進歩を要求し、現状の変革の中に不断に進歩を求める。進歩は自由主義の基本精神であり、進歩が無くては自由主義は無い」。「だから自由主義者は反動派に反対しなければならない。革命が血を流すものであって、自由主義者の歓迎しないものであるが、それが進歩を生み出すことが可能であれば、自由主義者も反対すべきではない」。

ここに見るように、自由主義は進歩を求めるものだという観点から、彼は「革命」と革命の「流血」とを容認し始めるに至ったのである。そして国共の内戦に対しても、単純な「流血に反対する」との論理から問題にする態度はとらなくなる。彼が停戦を求めるのは、戦争地域と軍事的行為のもとでは真の自由も真の民主も求めることはできず、それは国民党の支配地域でも中共の支配地域でも同様であるとの観点から、「広範な民主」と「人民の切実な自由の保障」のために、「内戦の停止と平和の真の回復」が必要であるという点におかれたのである。これは彼の思想の大きな変化であったと言わねばならない。

以上のように基本的に「革命の容認」に至った彼は、自由の問題についても国共のどちらにより多くの自由があるかという点について次のように論じている。「自由主義者は自由の性質・種類・範囲・自由を獲得した人数の多寡をもって、一つの社会あるいは国家の自由の程度を測らねばならない。国共両党の支配下のどちらの地域に自由が比較的多いか、あるいは不自由であるかもまたこの尺度で測らねばならない」として、さらに「自由主義者は国民党支配地域の〝現状〟に満足できないだけでなく、同様に共産党の支配地域の〝現状〟にも満足できない」としながらも、国共両党の支配地域の問題にたいして、欧米の政党に対する見方で見ることはできず、「よい点も悪い点も、みな目前の事実に基づかねばならぬ」と、自由主義の理念からではなく、現実の事実から判断せねばならぬとしたのである。それは言外に共産党の支配地域に、より好意を寄せていることを示すものであった。それを四七年八月の段階で、儲安平の言を引用しながら、「国民党の支配下では自由の問題は多いか少ないかの問題」であるのに対して、共産党のもとでは、「この自由は有るか無いかの問題」であるとの疑問が相当普遍的なものだと言って共産党の支配地域を否定的に見ていたのと比べて見るならば、いかに大きな変化であるかがわかるであろう。

施復亮のこの論文は「自由主義者」という用語を用い、「自由主義者」の任務を明らかにし、それが「自己の道」を持つべきことを強調し、しかも「自由主義者は永遠に政権を掌握することができず、政権に参加することさえすべきはない」という論じ方は、『大公報』の社説と同一の論理にたつものであり、これまでの中間路線の鼓吹の延長線上に位置づけられるものではあったが、しかし論旨の展開の仕方には、これまでにない新しい論理が見られ、「現状」の打破、「進歩」の追求から「革命」の容認へと進む思想の発展が見られるところに特徴があった。したがってその意図するところは、『大公報』の意図するところと一致するものではなく、それとは反対に「自由主義者」を国民党反動派に反対する方向に結集させようとする意図を内包するものであったといえよう。

一方で「革命」を容認し、中共の路線へのある程度の接近を示しながら、他方で自由主義者は「自己の道」を歩むことを説くという状況は、彼の思想が混乱し、動揺していることを示しているものに他ならない。それは現実の事態の進展が彼の説く「中間路線論」では対処できなくなり、さればといって従来の思想と論理からまだ脱皮し得ないでいる彼の苦悩を表しているものと言うことができる。それは彼の民主勢力との合作への志向と、中間派の独自性の論理との矛盾を表現するものでもあった。それは次のような言葉にも示されている。「進歩的な力を団結させ、進歩的な力を連合し、中国をして進歩の道を歩むよう推し進めることは、今日の中国の自由主義者が他に押しやることのできない自らの責任であるべきである」。「中国の前途を決定するのは国共両党だけではなく、自由主義者と国共両党以外の広大な人民もいる。これは第三の力であり、一種の民主的勢力である。この勢力の動向は中国の前途の決定に、軽からざる作用を持つのである」。「まさにこの勢力が要求する前途は、自由主義者が歩むべき道なのである」。それは国共両党の武力的対立の結果、共産党の勝利が見えてきている段階において、なおそれとは別な人民の力、「第三の民主勢力」(「中間派」)が、中国の前途を決定することを期待していたのである。

この論文はまさに強固な中間路線論者であった施復亮が、中間派の立場からより前進的な方向へと進んでゆく過渡期の思想を示すものであったと言ってよいであろう。この論文で「革命を容認する」方向へと一歩踏み出した施復亮は、同年三月、中共の土地改革に関して論じた論文では、さらに進んだ認識の状況を示した。そこではこれまで徹底的に反対していた「内戦」についても、次のような見方をするようになったのである。「中国の内戦の終末がいかなるものか、中国の政治経済の発展の前途はいかなるものかは、みなこの一つの問題(中国の土地改革)の解決と密接にかかわっている」。「国共両党の政治闘争は、ついに地主と農民との土地闘争に変わった」。「中共の土地闘争と軍事闘争とは相補って行なわれ、前者は後者の成果を保障し、後者は前者の範囲を拡大する。そして最後の勝敗を決定するものは、前者にあるのであって、後者にあるのではない」。「土地闘争と軍事闘争とは、中共の当面の政治闘争の二つの主要な戦場となり、その政治勢力発展の二つの主要な源泉ともなっている」。そしてこの土地革命を進めている地域は、「軍事的勢力の発展につれて拡大することができる」。ここに示されているように施復亮は国共両党の武力闘争を、単なる「内戦」と見るのではなくなり、農民の土地闘争と結びついた〝軍事闘争〟と見、さらに地主と農民との政治闘争と見るに至ったのである。ここに見られる思想は、半年前の「内戦反対」の立場から、その内戦の当事者として国民党と共産党とを、ともに悪として非難する思想ではなく、その内戦の結果が中国の前途と密接にかかわるものと見て、共産党の展開する〝軍事闘争〟を容認するものに変わったのである。そして彼は中共のすすめる土地改革を「地主的土地所有制を廃止し、農民的土地所有制をうちたて」ようとするものとして、これに賛成したのである。つまり「土地革命」を容認したのである。このことは彼が永年、主張し続けてきた「国家の土地公債の発行による土地の買い上げ」による封建的土地所有の廃止という政策の放棄を意味するものであった。そして彼はさらに四七年一〇月一〇日に発せられた中共の「土地法大綱」についても、それが第一二条において「工商業者およびその合法的営業を保護し、侵犯を受けない」と規定したことは、「工商業者を安心させることができる」として、歓迎し、積極的に容認したのである。(2)

内戦の容認は、同時にその結果の容認でもある。これと同じ時期、四八年三月に書かれた別の論文では、その点を次のように表現していた。「もし将来内戦が終結し、政権の性質（すなわち階級的基礎）が変わったならば(3)」と、内戦の結果、国民党の政権が人民的権力に変わりうることを予測し、それを受け入れる立場にあることを暗にほのめかすに至っていたのである。そしてこの論文では、彼は「すべての自由・平等の理想は、ただ生産力の高度な発展の上にのみ実現することができる」として、その生産力を発展させる社会体制としての社会主義の実現、あるいはそれへの過渡期の社会体制の成立を展望するに至ったのである。「社会主義の使命は、労働者階級を解放するというだけでなく、資本主義の束縛を受けている生産力を解放し、それを拘束なく発展させ、すべての人民と全人類の要求を満足させることである。いわゆる労働者階級の利益が人民全体あるいは全人類の利益と一致するというのは、この意味である」。「もし中国にただちに社会主義が実行できるとしたら、絶対的大多数の人民も反対しないだろうと思う(4)」。

このように社会主義を容認する立場を明らかにした施復亮は、その社会主義とこれまで彼が主張し続けてきた「新資本主義の経済」、「新民主主義の政治」との関係がどうであるかを説明する必要があった。この論文はその目的のためにかかれたものと言ってよい。彼は言う。「私が説いてきたところの新資本主義の経済は、一種の混合性を帯びた過渡的形態であると言うこともできる。この形態は、ただ労働人民が政権を掌握し指導したときにのみ実現することができ、それによって社会主義に向かうことが保障された過渡的形態と言うこともできるのである」。また新民主主義の政治については、「必然的に搾取をしておらず、搾取されている労働人民を主体とせねばならず、これによって彼らの利益を代表することを主要な目的とするのである。しかし新資本主義の経済は搾取関係の存在を許すだけでなく、民族資本の発展を奨励し、それによって搾取関係――資本主義的搾取関係――を拡大するであろう」。しかしこの矛盾は合理的に解決されうるものであって、「消極的な面では、分配関係の方法を改善することによって搾取を制限し、積極的な面では、社会の生産力を高めることによって社会の富を増大させ、労働人民の所得の分配額を増加させるのである」。そして彼の言う新資本主義の経済にあって、「ある種の搾取関係があったとしても生産を増加するといういう進歩的作用を持っているときには、我々はこれを十分に利用すべきであって、軽々しく排除すると言うべきではない」。「生産を増加させるために、我々は資本主義的民族工商業を保護し、封建的土地搾取と官僚資本の搾取およびすべての帝国主義の搾取を取り消すことを主張するのである」(5)。ここに彼のこれまでの主張と、新しい見方との論理的整合性への努力を見ることができる。彼は抗戦末期以来、「新資本主義の経済」と「新民主主義の政治」の実現を目標にし、その追求が彼の基本的課題であったが、彼はそれがいかなる政治勢力によって、いかなる形で実現できるのかについては、一切触れることを避けてきていた。と言うよりは彼の認識では、それは蒋介石以外の国民党政権の下で可能であることを前提にしていたと言ってよいであろう。しかしここにおいて彼ははじめて経済の面においても、政治の面においても、それが実現できるのは、「労働人民が政権を掌握し指導したとき」、「労働人民」が政治の主体となったときであるとしたのである。ここに彼の大きな思想的変化を見ることができる。

彼の思想と論理の変化は六月にはいると、さらに明確なものとなるのを見ることができるが、それ以前にこの年のメーデーを前に中国共産党がそのメーデー宣言の中で新しい政治協商会議の開催を呼びかけ、それに呼応して民主同盟や民主人士など中間派勢力の多くがそれに賛意を示したという情勢の変化があった。施復亮が所属する民主建国会も中共のこの呼びかけに対して、どう対処するかという課題に直面した。民主建国会はこの問題を討論するために五月二三日理事監事会を開き、激烈な議論の後、中共の呼びかけ

に応えることを決めた。この討論の中で施復亮は積極的な役割を果したと評価されている。(6)

この決定後の六月三〇日の日付のある論文で、彼は中国の現状について次のように論じている。「現在の中国はまさに異常な変革期にあり、政治が経済を決定する時期である」。「中国の目前の半植民地半封建の経済状況が、目前の官僚買弁資本および地主階級の利益を代表する政治を決定している。しかしこの政治は、また反対に中国の官僚資本主義と半封建的土地制度を保障してきている」と、当面の中国の政治と経済との関係について述べ、ここから「中国の絶対多数の人民の唯一の出路は、このような経済と政治を変革しなければならないことであり、そのような変革の中心は政権の性質を変革することである」と、革命への必然性を論じたのである。(7) そして彼はこの「政権の性質の変革」の担い手について論及し、次のように述べている。「中国には有力な革命的民族ブルジョワジーがいない。よって民族ブルジョワジーは『ブルジョワ的性質の民主革命』を指導して、ブルジョワジーの政権をうちたて、旧い形の資本主義国を創り出すことはできない」。ブルジョワ民主革命の歴史的任務の「主要なものは、労働人民の肩にかからざるを得ず、民族ブルジョワジーは二義的で補助的地位に退くのである。この基本的事実は、今後の中国の政治を決定し、今後の中国の経済を決定する。中国の根本問題はここにあるのであって、別の点にあるのではない」。

ここで展開されている思想は、「労働人民」(=プロレタリアート)が「政権の性質の変革」の主要な力であり、それが指導的地位と指導的役割を持つことをはっきりと認めたものである。このような政権の性質の変革という観点から当面の政治闘争を見るならば、それは「一方は官僚資本家と地主階級の利益を代表する集団」であり、「他方はすべての被圧迫の人民」である二つの勢力の闘争と捉えられることとなる。そして「この被圧迫の人民の中には、労働者・農民（富農を含む）・都市の小ブルジョワジー（知識分子を含む）と民族ブルジョワジーが存在する」こととなるのである。彼がかつて異なるものと主張していた労働者（プロレタリアート）と、農民・小ブルジョワジー・民族ブルジョワジーの中間層とは、ここでは「被圧迫の人民」として同一の範疇に入るものとして把握され、それらは「強固に一致団結して、各種の異なった方法によって、同一の目標に向かって、最後の勝利を勝ち取る」ために、統一戦線を組むものとされたのである。これは明らかに労働者をはじめとするすべての「被圧迫の人民」の民主統一戦線である。その政治的表現としては、中共とさまざまな中間的党派（国民党の民主派を含む）との共同であり、統一戦線である。これが、四七年一〇月の段階で、あれほど強烈に民主統一戦線論を説く人々に対して反対し、断固として中間派の「独自の政治路線」を主張していた施復亮の四八年六月段階の思想であった。

施復亮がこのように思想の急激な変化をみせた要因と、その背景は何であったのか。

その第一の要因は、民主同盟の非合法化に見られるような蒋介石政権の極端な反動化と独裁の強化に対する反発であろう。それが四八年一月段階での、自由主義者は「反動を憎み」、「進歩を求める」という思想的な展開になったと見ることができる。しかしこの段階では、ある程度の「革命の容認」を見せてはいたが、それはまだ思想の変化の第一歩にすぎず、この段階では自由主義者は「自分の願うこの道を行く」として、〝第三の道〟を歩むことがその前提とされていた。これに対して、客観情勢の進展は、彼にさらに大きな変化をうながした。それは中共の軍事闘争が、土地革命の進展をともなって広範に展開されて来たことであろう。これが第二の要因であり、この年の三月に入って、彼が中共の武力闘争を「土地革命」と結びついた軍事闘争として認め、それを「地主的土地所有制を廃止」するものとして、はっきりと承認するようになったことに示されている。

そして、この時期、彼の思想の変化をうながす第三の要因が浮上して来た。それは彼の思想的基盤となっている民族ブルジョワジーの政治的・思想的変化である。

四八年二月ごろから、アメリカ帝国主義による日本資本主義の復興を援助する動きに対して、中国の民族ブルジョワジーはその階級的利害にかかわって、強い民族的な危機意識を高めてきたことであり、このアメリカ帝国主義の日本工業の復活への援助を唯々諾々と容認する蔣介石政権への反対が強まったことである。[8]この民族的危機の意識は、三月以後、経済の破産状況が現出したという事態とあいまって、民族ブルジョワジーの政治的・思想的変化を引き起こしたのである。こうして民族ブルジョワジーを含む広範な層が反米・反蔣の統一戦線の方向に結集されて行くことになるのである。それが施復亮の思想的変化を招来したことは想像にかたくない。彼もまた四八年七月の段階では中共と中間派を含む統一戦線を受け入れる立場を示したのである。

注

(1) 施復亮「論自由主義者的道路」『観察』第三巻第二二期(一九四八・一・二四)。

(2) 施復亮「論中国的土地改革」『国訊周刊』第四五四期(一九四八・三・一九)。

（3）施復亮「廃除剥削与増加生産」『観察』第四巻第四期（一九四八・三・二〇）。
（4）同。
（5）同。
（6）王水湘『施復亮伝』『金華県文史資料』第一〇輯（一九九九年）八〇頁。
（7）施復亮「新中国的経済和政治」『観察』第四巻第二一期（一九四八・七・二四）。
（8）「警惕美国扶植日本侵略者的復興！」（毎周述評）『経済周報』第六巻第九期（一九四八・二・二六）
四八年二月以後高まってくる、アメリカ帝国主義の日本経済の復興援助に反対する運動は、「反米扶日」の運動として、これ以後六月ごろまで中国民衆の最大の運動として展開される。その中心になったのは、民族ブルジョワジーであり、彼らは日本経済の復興が日本商品の海外輸出となり、中国商品との競争となって、ようやく軌道にのり始めた「わが国の工商業に大きな害となるであろう」との思惑があったのである。それはさらにアメリカの日本援助が日本の「工業を急速に復興させ、再び侵略を起こす可能性がある」との感情と結びつくものであった。日本の工業水準を一九三〇〜一九三四年の水準にしようとするアメリカの「日本経済復興援助計画」は、「事実上、敗戦国日本に巨大な軍国主義の侵略的潜在力を回復させるものであり、アジアの各国に対してふたたび経済的侵略をすすめる勢力を復活させる悪辣な計画である」と認識されたのである。（「国貨廠商対日本経済復興的憂慮」『経済周報』第六巻第九期、および注(八)）なお、この時期の民族ブルジョワジーの思想的変化を示す論調については、拙著『中国の知識人と民主主義思想』第五章施復亮と中間路線論第四節の注（二八）二五二頁参照のこと。

終章

一九二〇年代から一九四〇年代にかけての中国革命のなかで、多くの政治論文を著わして、その時々の政治状況に対して主体的にかかわり、指導的な理論を提出して指導的な役割を果たしてきた政論家、施復亮の思想は中間派の思想を代弁するものであり、それを中間路線と特徴づけることができる。ではその中間派の思想・理論の起源をどこに求め、またどのようなものであったのであろうか。

それを探るためには彼の経歴を知る必要がある。以下、彼の経歴について、石川禎浩氏の論文「施存統と中国共産党」(『東方学報』京都第六八冊)及び斎衛平氏の「施復亮伝」(『中国各民主党派史人物伝』一所収)をたよりに、その概観をたどって見よう。(以下、特にことわらないが両氏の所論によっている。)

施復亮は上海に出てきて、当時マルクス主義研究者であった戴季陶の助言にしたがって、「星期評論社」に入った。しかし体が弱かったことと勉強をしたいとの希望から、転地療養をかねて、戴季陶の援助で、一九二〇年六月日本に渡った。この時の彼の思想はアナーキズムとマルクス主義とが混在している状況であった。それゆえ渡日後も、彼は中国のアナーキストと連絡をとっていた。このことが日本警察によって、彼の「存在と挙動」が注目される要因となったのである。これより以前、一九二〇年五月ごろ陳独秀を中心にしたマルクス主義研究会が上海に成立していた。施復亮（施存統）はこのグループの一員であった。そしてこのグループは二一年四月ごろには「上海共産党」となり、施復亮はその「駐日代表」とされ、「日本小組」を周仏海とともに結成した。成員はこの二人だけであった。この年七月中国共産党の創立大会が開かれ、施復亮はその大会に周仏海を派遣し、彼自身は大会には参加しなかったが、この時から彼は中国共産党員であったと言ってよいであろう。そして彼はこの七月ごろから、アナーキズムと明確に決別し、マルクス主義に賛同するようになった。

一九二一年一二月、彼は日本警察によって逮捕され、翌二二年一月六日、日本から追放された。二二年五月ごろ、中共二全大会が開かれ、国共合作の方針が決定された。しかしここでとりあげられたのは、「あくまで国民党に対する外からの合作である」と言われる。(1) 中共内部で国民党への党内合作が明確になるのは、二三年一月コミンテルン中央執行委員会が中共党員の国民党への加入を明確に決定し、その年の春ごろ李大釗の論文「全国に広まる国民党を」が発表されてからであり、二三年六月の中共三全大会で、中共党員の国民党加入を正式に決定してからであると言われる。(2) しかし施復亮はこれより一年も前の一九二二年七月ごろに戴季陶などの紹介で国民党に加入していた。(3) ここに施復亮の国民党への傾斜がすでに見られたのである。

彼が国民党への思想的傾斜を示した背景には二つの要因があったと考えられる。一つは彼がマルクス主義に接触し始めた一九二〇年ごろ、「接触した人の中で、彼に対して陳独秀よりも戴季陶の影響がはるかに大きかった」(4) ことであり、もう一つは彼が単独で孫文宅を訪れ、孫文に三民主義について質問し、三民主義とマルクス主義とが矛盾するものではなく、「多くの点で同じであり」、「民生主義は社会主義であり、決して社会政策ではない」という孫文の説明に納得し、両者の同一性を深く感じ取ったという点にあったことである。[5] 彼はすでに中共党員として活動していた時から、三民主義と国民党に深く傾倒していたのである。彼は一度、中国共産党指導部の指示で三民主義批判の論文を書いたと言われるが、なぜかそれは発表されなかった。

中国共産党を離脱して国民党に残った施復亮は、一九二八年になってから、「革命的三民主義」についてしばしば論じることとなるが、ここに彼の本質があったと言えるであろう。三民主義の実現が彼の目標とするところであり、その実現は国民党をおいてほかにはなかったことは第一章で述べたとおりである。中国革命の主体が「労働者・農民・都市ブルジョワジーの統一戦線である」という彼の革命論は、彼の中間派としての立場を最もよく示している。施復亮伝に最も詳しい斎衛平は、施復亮の「中間路線の思想は、二〇年代末に既に芽生えがあった」と指摘し、その根拠を施復亮が「『国民党の虐殺政策にも、共産党の暴動政策にも反対し』、孫中山の革命系統を継承する」と主張したことに求めていた。[6] そのほかにも斎衛平は、誰が革命を指導するのかという問題で、施復亮が一方でブルジョワジーが革命を指導することに反対し、他方でプロレタリアートの革命指導権にも反対していたこと、そして「中国の民主革命が労働者・農民・及び都市の小ブルジョワジーが主体をなす三民主義の国民革命である」と主張していたことにも中間派の思想が表されていると指摘している。まさにこれらは施が「孫中山の三民主義の国民革命は、国共とは別の中間の道である」と考えていたことを示している。[7]

斎衛平はさらに次のようにも言う。二〇年代に示した「施復亮の思想はまだぼんやりとした意向であった。革命形態の上でも、国家権力や社会制度などの問題においても、まだ明確な主張を欠いていた。厳格に言えば、一つの系統的な政治路線を形成してはいなかった。しかし（ここには）すでに彼の抗戦勝利後の中間路線の提唱の根源は存在していた」(8)のである。

すでに二〇年代の末に明らかに芽生えていた施復亮の中間路線の思想に、三〇年代から四〇年代の抗戦は新たな展開の境地をもたらした。三七年上海での抗戦が始まると、彼は早速、雑誌『文化戦線』を発刊して、抗戦を鼓吹する論調を展開したが、そのなかで彼が論じたことは「民衆」を抗戦の主体とし、民主的で持久的全面的抗戦を実現することであった。ここには二〇年代とは異なる三〇年代の中国革命の様相が反映している。と言うのは二〇年代の革命運動が〝政党〟の主導のものに進められたのに対して、三〇年代の革命運動（抗日救国運動）は民衆（とりわけ都市の知識人層）が主体となって展開された性格が強く、そのことが抗戦初期において施復亮の〝民衆〟を主体とする抗戦という論理を展開する背景をなしていたと言ってよいであろう。

彼はまた、抗戦を当面の中国革命の実現であると把握し、その主体を「民衆」であると表現した。これは、二〇年代に中国革命の主体が「労・農・都市の小ブルジョワジー」であると論じていたのに比べれば、革命の主体に対する把握において大きく変化したことを示している。表面的に見れば革命の主体を「民衆」という階級的観点から見ればあいまいで不明確なものにおいたことは、彼の思想的後退を示すように見えるが、実際には二〇年代の把握に比べてより具体的・現実的になったものと言ってよいであろう。

二〇年代における革命はあくまでも政党が主体であり、政党の指導の下での革命運動の展開であった。したがって革命の主体が「労・農・小ブルジョワ」であるとの把握はあくまでも理論的・観念的なものであって、その統一戦線が現実に存在していたわけではなく、それを実現できる展望も無かったのである。これに対して、抗戦期の「民衆」という把握には現実の根拠があった。三五〜三六年にかけて、抗日とそのための民族的な統一戦線を要求する広範囲な運動――この時期の中国の革命運動は、政党の運動としてではなく、中国共産党の〝指導〟があったとはいえ都市の知識人層を中心とした民衆運動として盛り上がったのであり、中間層の民衆が主体となる運動であったのである。彼の思想がこれらの運動から刺激を受けたことは当然であろう。まさに民衆が主体となる運動、つまり中間層が主体となる運動が現実に存在し、情勢をリードするような状況が生まれたのである。この時期、抗日救国会の活動家の多くが「民衆」に着目して、『民衆動員論』(李公僕)あるいは『民衆基礎論』(章乃器)などの小冊子を次々と出版していたことは民衆の運動を重視していたことの反映である。そしてこの「民衆」の主要な部分は都市の小ブルジョワジー(=知識人)であったと言ってよいであろう。なぜならば各界層・各都市の抗日救国会を組織し、それに結集して抗日救国運動を展開するのに中心的な役割を果たしたのが、知識人であったからである。(9)

施の言う〝民衆〟を主体とした抗戦という提起は、一面では孫文の「民衆を喚起する」という思想の継続であるとともに、施復亮の独自の思想の表現であったと言ってよいであろう。この「民衆」(=中間層)を重視する思想は、抗戦末期から戦後にかけては民族ブルジョワジー層を主体とする思想として展開され、戦後における「中間派論」、「中間路線論」に整備されて行く根拠となったのである。

この時期、施復亮の思想における変化はもう一つの点に見られる。それは抗戦の権力機構について、具体的な提起を行なったことである。「五院制度をただちに廃止」し、「民主主義的な政治機構」「統一した国防政府を樹立すべきだ」とし、「人民救国会議を招集し、暫時の民意機関」とすると提起したことである。孫文によって提起され、国民党の政府によって現に実施されている「五院制度」という権力機構を廃止せよと要求することは、この機構が腐敗し、無能であると強く批判するものであり、当面する抗戦の役には立ち得ないという判断に基づくものであった。これは施復亮が孫文主義から一定の距離を置くに至ったことを示すものである。ここで提起されている「民主的で統一戦線的な国防政府を作れ」という要求は、すでに三六年の救亡運動の中で提起されていたものであるが、(10) 施復亮はそれをより具体的にして、救国会議という民主的な権力機構として提起し、その構成を含めて具体な提案をしたのである。施が提起した「人民救国会議」の構成メンバーの顔ぶれはきわめて具体的であったことはすでに見たとおりである。それは二〇年代末にはあいまいであった権力機構の内容が具体的になったことを示している。

施復亮の抗戦期における認識の変化は、民主主義の徹底的な重視に見られるが、これは二〇年代にはまだそれほど重視されてはいなかった点である。それは南京国民政府が非民主的で、腐敗して官僚的であって、孫文の言う「民権主義」を完全に投げ捨てているという現実の事態の打開を意図したものであると言うことができよう。そしてそれとの関係で彼の思想的な変化を特徴づけているのは、「民族企業家」の役割と責任を論じ始めたところにある。それは抗戦中に彼が「民族企業家」との結びつきを深め、「民族企業家」が「進歩的な民主勢力」として成長してきたことを認識したところにある。そして彼はこの「民族企業家」の勢力を民主主義の闘争の中で、「指導的作用をすることができ、かつ指導的責任をになう」勢力と位置づけたのである。このことは彼が抗戦中に四川銀行の職員としてブルジョワジーとの関係を深めたことによるものであるとともに、民族企業家といわれる民族ブルジョワジー（自由主義的ブルジョワジー）が政治的に成長したという事実によっているのである。こうして彼は、抗戦期間中に戦後の中間路線の主要な提唱者として躍り出る思想的基盤が作られたのである。

戦後における彼の立場は、抗戦末期に交流を深め、結びつきを強めた民族ブルジョワジーの団体である民主建国会の指導部の一員として、「中間路線」の主要な理論家として、「左右に偏らない」中間の道の理論を比較的整然とした形で、「系統的な政治路線」として提起したことである。彼の中間路線の理論の特徴は、①国共両党に対して、「左傾せず、右に加担せず」両党に対して、独立した態度をとる。②国際的には米ソに対して中間の道をとる。③米英の民主政治とソ連の経済民主を加えたものを建国の目標とする。④暴力的変革に反対し、平和的改良の方法を提唱する、などである。そしてこのような課題、特に民主主義を実現するためには、国民党の一党独裁に反対し、それをやめさせることであるとしていた。しかし彼にあってはこの国民党の一党独裁がその階級的本質からきていることを認識できなかった。それゆえ彼は国民党蒋介石政府の崩壊が明確になるまで、「国民党当局がすばやく自覚することを望む」という幻想を抱いていたことであり[11]、国民党一党独裁と果敢に戦うという立場には立てなかったのである。

施復亮の理論の弱点の一つは、蒋介石国民党政府に対する態度であり、評価である。彼はすでに二〇年代から、蒋介石政権が腐敗した官僚政治であり、封建勢力と結びついた反動的な政権であると嫌悪し、憎悪していたが、それを倒して新しい政権を打ち立てるという方針はついに打ち出すことがなかった。つまり政府が自覚し・反省することを期待しただけであった。もう一つの弱点は、施の言う民権主義の革命（第一次の革命）によって、資本主義が発展すれば、必然的に（自動的に）民生主義（彼の言う社会主義）に到達できるという見通しに立っていたことである。彼はどのような政府（どのような政治権力）がそれを可能にするのか、蒋介石政府がそれを行なうのか、それとも別な政府（政治権力）が行なうのかについて、まったく触れることは無かった。権力の性格についての考察が無いのが彼の理論の特徴であったと言ってよいであろう。権力の性格について論及するようになるのは、四八年の夏、中間路線を基本的に放棄するに至ったときであった。ここに至ってはじめて彼は、「民生主義の第二段階」への移行を可能とする権力が、労働人民（プロレタリアート）であることを認めたのである。

最後に、施復亮の中間路線の評価について、斎衛平の意見を聞こう。

斎衛平は、中間路線論を提唱した人々にはさまざまな色合いがあり、一律に論じることはできないとしながら、施復亮の中間路線論については進歩的な要素があるとして、次の三点を列挙している。第一には、彼の思想は民族ブルジョワジーと上層の小ブルジョワジーの要求を反映しており、ブルジョワ民主共和国の設立、反帝・反封建の認識を持ち、中国が米帝の余剰商品の市場になることに反対し、封建的土地所有制度の改革、官僚資本の没収と民族工商業の発展、などを主張していた。第二に、どのような国家を建設するかでは中共とは原則的に違っていたが、革命の対象（帝国主義と封建勢力）は同じであり、「左派とのあいだに民主戦線」を打ち立てることを希望していて、多くの点で中共と合作した。第三に、施復亮の中間路線は国民党の支配地区で宣伝され、これらの民主人士の宣伝は中共の宣伝よりも、民衆に影響を及ぼす点で効果的であった。それゆえ施復亮の論は反動派の支配の基礎を瓦解させるのに積極的に作用した。斎衛平は施復亮の論をこのように評価している。しかし同時に、次のようにも指摘しているのである。抗戦後の施復亮の中間路線の主張がこのような進歩的な一面を持ったとはいえ、その本質は「まさに当時の民族ブルジョワジーと小ブルジョワジーの思想傾向を代表したものであった」[12]と。

一九二〇年代末から一九四八年の末にいたる過程で展開された施復亮の思想は、三民主義を主要な基礎とし、その実現を目標にして、その変革の主体を中間層、――とくに都市の民族ブルジョワジーと小ブルジョワジーの上層（＝知識人）に求めるという中間路線として整備されていったものであったと言ってよいであろう。ただしその思想は、三〇年代中ごろの抗日運動の展開以後、「中間層」の把握において質的な変化をとげたことを見落とすことはできないのである。

注

（1）宇野重昭『中国共産党史序説』(上) NHKブックス　一九七三年　五九頁。
（2）同　六二～六三頁。
（3）施復亮「悲痛中的自白」『中央日報』副刊　一五七号（一九二七・八・三〇）
（4）斎衛平「施復亮伝」『中国各民主党派史人物伝』第一巻　二九八頁。
（5）（3）に同じ。
（6）斎衛平「論施復亮与抗戦勝利後的中間路線」（『近代史研究』一九八八年四号　二五五～二五七頁。

（7） 同。

（8） 同　二五七頁。

（9） 柳湜「民族連合戦線発展過程的私見」（『生活日報周刊』第一巻第一一期）

　柳湜は知識人の役割について次のように言う。中国のように半植民地のおくれた社会では、フランスのように統一戦線の形成において、労働者と労働組合が先端を切ることはありえない。農民もまた自らの組織を作ることが先で、民族連合戦線を提起することは無い。一二・九運動以後の事態の経過がしめすように民族連合戦線の起点は「知識分子」であり、「目覚めた愛国的な知識人がよびかけ」、「強固な下層の戦線をうちたて、上層と手を結ぶ」。それは知識人が中国社会では「相当重要な地位を占め」ているからである。彼らが言い出せば多くの人が彼らの話を聞いてくれると論じていた。

（10） 代之「我們所希望于国防会議者」『救亡情報』第一一期。次のように論じていた。

「ただちに全国の民衆の代表と実力派を召集して、真の国防会議を開き」、この「国防会議によって非常時の全国最高の権力機関を樹立し、対日戦を指導し、国事を処理せよ」。

（11） （6）に同じ。一二六三頁。

（12） （6）に同じ。一二六四～一二六五頁。

資料編

資料解説

ここに載録した資料は、施復亮の生涯と思想の遍歴を明らかにしうる格好の材料であり、革命期における中国知識人のある部分の思想的転変を知りうる好材料となるものであるとして載録した。

資料Ⅰは、一九二七年国共分裂にあたって、施復亮が中国共産党を脱退し、中国国民党にとどまった理由を述べたものであり、ここで彼は国民党との深い関係・つながりを吐露している。ここには彼の国民党と三民主義への深い傾斜が見られる。

資料Ⅱは、彼が共産党を脱退して以後、情勢の変化と彼自身の思想的変化をとおして、共産党脱退以後の第三党を結成しようとしたことの誤りを自己批判するとともに、彼に対して加えられたいわれなき誹謗・中傷に対して事実を明らかにして反論し、自らの潔白を示したものである。これは、もとは『文化戦線』の第九期に掲載予定であったが、上海が日本軍によって占領され、同誌が発行できなくなったために、後に単行本として発行された『民主抗戦論』に収録されたものである。

資料Ⅲは、抗戦終結直後の中国の経済危機にあたって、その克服のためには政治の民主化が必要であるとの認識の下で、それを実現するためには民族企業家が指導的な責任を負わねばならないと説いて、民族企業家を中国の民主化の指導勢力とみなすに至った施復亮の思想的転化を明確に示した最初のものである。

資料Ⅳは、抗戦後の国共の内戦の危機が高まる情勢のなかで、中間階層の政治的結集を呼びかけ、その政治的役割によって国内平和を勝ち取り、民主化と工業化という政治と経済における中国の近代化を目指そうという彼の抗戦後における思想的立場を明確にしたものである。

資料Ⅴは、その結集した中間派の政治的立場と思想的立場、その内外政策を明らかにしたものであり、その後彼が展開する「中間派論」の原型となる論文であり、これより後展開される彼の「中間派論」はこの論文のより詳しい展開である。

資料　Ⅰ　「悲痛な中での自白」（『中央日報』副刊一九二七年八月二〇日）

一ヶ月以上の病の中での慎重な考慮を経て、私は最終的に中国共産党を脱退することを決め、一人の単純な革命的国民党員となることを願った。しかしこれは私にとって実に深い悲しみであった。

なぜならば私は古くからの共産党員であり、一九二〇年五月に陳独秀・戴季陶先生などが共産党を組織することを提起したときに、私はその中にあったからである。しかしながらそのとき私はマルクスの共産主義を信じておらず、クロポトキンの無政府主義を信じていただけであった。それから現在に至るまで、私と共産党の関係はみな比較的密接であり、私は共産党に対して忠実なものであったと思っている。今日ひとたび共産党からの脱退を宣告したならば、共産党の方では必ず嘲り笑う人がいるだろうし、私を投機とか変節とかと慢罵する人さえいよう。国民党の方でもまた、必ずあざけり笑い、私を投機あるいは別な野心を持つものと慢罵するものさえいるであろう。これらはみな私が決断するに当たってあらかじめ想定した内にあって、私は現在十分な勇気と固い忍耐をもってこれら一切の嘲笑や慢罵を受け入れようと思っている。私は文章をもって論争したり弁明したりしようとは思わない。すべてはみなただ行動だけが私に代わって証明するであろう。しかし私が一切の嘲笑や慢罵を受け入れる準備をするにあたって、私の心は深い悲しみを感ぜざるを得なかった。

私はすでに一ヶ月以上に亘って党派生活を離脱している。国民党と共産党はあたかもともに離脱したように、どちらも私と関係を持たず、ただ精神的な反応があるだけである。中央軍事政治学校が閉校する何日か前から、私は過労がもとで病気になり、(自分を)維持できなくなり、学校を離れて、ある場所を探して休養し、外部とのすべての関係を断つことだけであった。それから現在まで、病気はまだ完全には治っていない。この一ヶ月余のあいだ、新聞紙上で読むニュース以外、いかなる消息も得ることは無かった。共産党の宣伝などの件は、私は今に至っても見ることはできない。だから共産党の最近の政策が畢竟どのようなものか、私は知る方法がないのである。

おおよそ二ヵ月半以前、私は中央独立師に従って新堤から帰るとき、鄧演達先生が私に非常に重要な意見を告げた。彼は、国民党は二回目の改組を実行し、共産党の組織を解散して革命の指導権を統一し、すべての革命的勢力を集中して、非資本主義的な道に進む具体的な綱領を確定することを主張した。私は(これを)聞いたときすぐに賛成した。私はこの問題について詳しく思案し、何人かの人と話しあって、これはいかにしても我々が注意に値する大問題であると思った。私は国共両党の関係はこのように解決するのがよいと希望した。と言うのはこのような解決は革命にとって有利だからである。私はこのような解決を促進するのを強く願って、まず共産党を脱退したのである。

私は何ゆえ鄧演達先生のこの意見に賛成したのか？　根本の理由はすべての革命勢力を集中し、革命の指導権を統一し、帝国主義と一切の反革命派を迅速に打倒して、総理の言う『国際平等』・『政治平等』・『経済平等』の目的を達成することにある。このほかにさらに三つの理由がある。第一は、私は、党は一種の道具であり、目的ではないことを認めている。我々は革命のために党を組織したのであり、民衆の利益のために党に加わったのであり、決して党のために革命をしようとするものではなく、党のために民衆と結びつくのではない。中国の目前の革命――国民革命は中国共産党によって革命の指導権を統一することは不可能であり、ただ国民党によってのみ統一できるのである。だから私は鄧先生の主張に賛成したのであり、中国共産党の組織を犠牲にして中国国民党を拡大し、国民党をして強く有力な革命の道具にし、名実ともに国民党に革命の指導権を担わしめることによって、革命の勢力の分散を避けさせるのである。第二は、私が広州の中山大学および武漢の中央軍事政治学校で仕事をしていたとき、多くの青年が、国民党の組織はよくなく、調練に欠けている（として）、私に共産党に加入することを紹介するよう要請してきた。私は（これを）毎回拒絶して、彼らに対して説明した。国民党がいかに悪くても、我々国民党員はそれをよくするように責任を負っているのであり、中国の現在の革命は強大な国民党を必要としている。我々党員は決して消極的な態度をとるべきではない、と。私はまた彼らに対して説明した。国民党の左派は革命中にあって重要な地位を占めるから、彼らに国民党の左派党員になることを勧め、左派の勢力を団結することを勧めた。（私のこのような考えは、広州の中山大学にあったときも、武漢の中央軍事政治学校及びその他のところでも、公開の演説でしばしば述べたことがある。）しかし結果は左派の力を見るに十分に強大になることはできなかった。私はここにおいて共産党の存在が客観的に国民党左派の発展を阻害していると思うに至った。私は、これは革命の損失であり、無形のうちに革命の力量を減少させていると思った。だから鄧先生の革命の指導権を統一するために、党の組織を統一するという主張に賛成したのである。第三に、私が中央独立師に従って、咸寧・蒲圻・嘉魚・新堤一帯の工作をしたとき、多くの民衆運動の状況を見て、民衆運動の幼稚さと誤り（大部分は客観的に必然的なものであるとはいえ）を発見し、私に深く感じさせた。共産党の名前は内地では出すことができず、なかんずく農村では多くのわけのわからない誤解とデマを招くようになるであろうし、革命の進行を妨害するようになるだろう、と。ここから私は共産党という看板は犠牲にすべきだと考えるに至った。私自身、永年共産党員の看板をかけてきて、この看板に対して恋々として捨てきれない感情を持っていたとはいえ、この看板は現在ではどうしても大衆の中に深く入ることができないと知り、形を変え、頭を切り替えることで大衆の中に深く入ることができるだけである。このような深入りは恐ろしいことだ。だから私は革命のためにこの種の看板を下ろすことに賛成し、将来挽回できない誤りの発生を避けることができると願ったのである。これもまた私が鄧先生の主張に賛成した理由である。

当時鄧先生はこの主張を私に語って、すぐ私の意見を聞いてきた。私個人は賛成であると言い、すぐに私の意見の概略を彼に話した。彼は共産党方面の意見はどうかと聞いた。私はこの問題は大変重要であり、詳細な討論を提起できると言った。彼は、共産党の同志が安心できないのは、国民党と帝国主義が妥協し、資本主義に向かうことであり、実際には中国の革命は断固として非資本主義の道に向かうべきであり、三民主義の出路はただ非資本主義にあるだけであり、コミンテルンが我々に要求しているのもただ非資本主義の保証であると言った。この一点を我々は綱領の上で詳細に説明することができる。私は、このような主張は国民党中央の諸同志が賛成できるのか否かを彼に問うた。彼は多数の中央委員は必ず賛成すると言った。我々が当時話したのは非常に短時間であり、早々に分かれ、その後再び合うことが無かった。しかし私は心中では国共両党の関係がこのようにしてうまく解決できると希望した。（しかし）不幸な事情の発展はこのような願望を不可能にした。

この一ヶ月あまり、私は病気であったが、新聞によって両党の決裂の事情をおおよそ知った。この状況を知ったことで、私の心は冷たく沈んだ、同時に自分の孤独な寂しさとつまらなさを感じた。私は一切の党派の生活から離脱し、一切の党派のもめごとから逃れようと考えた。これは私の弱点であると認める。しかし病気中の私はこれより積極的な思案を持つことができなかった。

この数日病気も好転し、私に一切の問題について冷静に考えさせた。帝国主義が旧勢力に頼って、ほしいままに凶暴になり、軍閥は残酷に圧迫し、一切の反革命勢力が革命勢力に向かって猛烈な攻撃を加えてきており、民衆なかんずく労働者・農民の苦痛が日一日と深まり、革命の基礎が転覆される恐れが出てきていることを考えるに及んで、私は覚悟した。これら一切のすべては、消極的な態度では解決することはできないものだ。この激烈な闘争の中では私は一方の側にたたねばならず、拱手傍観して優柔不断の態度を採るべきではないと。私は革命の一方の側に立って、一切の革命的分子と協力して奮闘し、我々のすべての敵を打ち倒すべきである。共産党はどうか。既に述べた幾つかの理由によって、共産党は中国にあって決してすべての革命勢力を集中し、革命の指導権を統一する責任を担うことができないこと、すなわち目前の政治経済のさまざまな実際問題を解決することはできないと私は考えた。これによって、私はもう中国共産党にとどまることはできない。しかし中国の革命は停止することはできないし、停止すべきものではない。革命は党によって指導されねばならない。いかなる党が中国革命をよく指導できるのか。客観的にはただ国民党があるだけである。中国国民党は現在種々の欠点を持っており、健全な状況には至っておらず、最近では、ある種の腐敗の傾向が見られるとはいえ、しかしながら、まさにこのようであるがゆえに我々の奮闘が必要とされるのである。仮に国民党にいかなる欠点も無く、すでに十分に健全であったとしたならば、その上に我々は何をしたらよいのであろうか。中国国民党は決して一個人あるいは一派の人の党ではなく、またある一つの階級の党でもあるべきでない。それは中国の一切の圧迫された民衆の共同の党であり、具体的に言えば、それは現在では労働者・農民と小ブルジョワジーの党であるべきである。ただ総理の三民主義を遵守しようとし、ただ国民革命を実行しようとし、ただ国民党の宣言・決議案及び中央の政策を遵守しようとし、ただ帝国主義と封建勢力に反抗しようとし、圧迫された民衆の側に立ち民衆の利益を擁護しようとし、ただ中国の自由と平等のために最後まで奮闘しようとする、このような革命分子が国民党員となる資格を有し、国民党の忠実な党員であり、国民党左派の立場である。私は総理の国民党、革命的国民党をこのようなものだと信じている。私はこのような国民党は必ず中国の革命を完成し、総理の言うところの『国際的平等』『政治的平等』『経済的平等』の非資本主義的三民主義の社会を実現することができると信じている。だから私は国民党にとどまり、一人の忠実な国民党員となり、一切の嘲笑・

慢罵さらには圧迫をも顧みず、国民党の革命的存在のために奮闘するのである。私は、革命的国民党は必ず最後の勝利を獲得できると信じている。私が中国共産党を脱退して国民党を脱退しない理由はこのためである。私は、現在革命的中央がこの目的のために奮闘しようとしていることを知っている。

私が国民党に加入してからを思い返せば、いまでは既に六年になる。私が国民党に加入したとき、中国共産党はまだ国民党に加入する主張を持っていなかった。その時は一九二二年（民国一一年）で、まさに陳烱明が反乱したその年である。七〜八月頃上海で戴季陶先生と会見した。彼は私に某君と一緒に国民党に加入することを勧めた。（戴先生は中国共産党の発起人の一人であったが、正式に（共産党が）成立したときには、故あって加入しなかった。）我々は彼に、我々はマルクス主義を信じ、共産党員であるから、国民党に加入することはできないと言った。（その実、彼は我々が共産党員であることを知っており、というのは我々両人は共産党の発起のとき既に（共産党に）加入していたからである。）彼はそのとき我々が国民党を誤解しており、孫先生の三民主義をわかっていないと言い、我々に三民主義とマルクス主義との関係について詳しく解釈し、両者は少しの矛盾も無いと言った。私は詳しく考慮した後、戴季陶・胡漢民・陳樹人の三氏の紹介で国民党に加入した。当時戴先生の紹介によって私は総理と会った（モーリアイ路で）。私は面と向かって総理に三民主義とマルクス主義の関係、および民生主義は社会政策であるのかどうかを質問した。総理の回答はおおよそこのようなものであった。「私はマルクス主義者ではない、しかし決してマルクス主義に反対しない。彼の主張は多くの点で私と同様であり、私も非常に賛成である。私の民生主義はすなわち社会主義であり、決して社会政策ではない。」（総理のこのような考えは、民生主義の講演録の中で明白に述べているし、その他の演説でも常に論及している）。これによって私は一面で三民主義を信じ、同時にマルクス主義を信じることは矛盾することだとは思わなくなった。共産党員が国民党に加入することも、またいかなる変節でもない。なぜならば国民党はブルジョワ階級の党ではないからである。総理の死後、総理の主義についての解釈で、異説がしきりに起こり、意見が一致しなかった。私はそのとき総理のすべての著作を詳細に研究して、一方では解釈が異なるいろいろな原因を知り、他方では総理の主義に対する自分の認識を確定した。私はかつて幾度か自分の研究の結果を系統的に発表しようと思ったが、ついに時間が無くてできず、ただ何度かの演説で触れた。私は国民党に六年いた。多くの工作はしなかったが、多くの力を尽くした。しかしながら自らの言動はみな忠実であった。自らは三民主義と国民党の政策に違反するどのようなことがあったかはわからない。私は一人の三民主義に忠実な信徒であり、忠実な国民党員であったかを自ら問うものである。なぜならば私に党の中での仕事は慎み深いものであったからである。他人はこのように感じているかどうか、私は知ることができない。私は常に多くの友人に二つの党の党員になることは本当に容易なことではないと言っている。一方で国民党の政策に違反することはできず、他方で共産党の政策に違反することができず、両方の規律を守らねばならないのである。これは確かに一つの矛盾であり、一つの解除せねばならない矛盾である。

現在長い考慮を経て、私はすでに自らこの矛盾を解除することに決した。私はすでに中国共産党を離脱し、国民党にとどまり（もし国民党が私をとどめることができないならば、私はしばらく無党派の生活を越すことを願っている）、一人の単純な国民党員となることを宣告した。すべての党員は義務を守らねばならず、私も当然ながら同様に遵守する。

これがすなわち私の悲痛の中での自供である。これがすなわち私が共産党を離脱し、一人の単純な国民党員となることを願った経過である。私は自らを責めることになるが、それもいとわない。

最後に、私は二つの意見を提出して、すべての革命の同志に私自身の態度を明らかにしたい。

一、総理の三民主義は私の細心な研究の結果によれば、決してマルクス主義に反対するものではなく、現在までに、私はマルクス主義のすべてに反対する理由を思い出すことは不可能である。我々は三民主義が反帝国主義であり、反資本主義であると言うことができるが、三民主義が反マルクス主義であると言うことはできない。中国共産党は過去において確かに誤りを犯した。しかしその誤りは決してマルクス主義の応用をしない誤りではなく、マルクス主義をよく応用しなかった誤りである。我々は中国共産党に反対するために、やみくもにマルクス主義に反対したり、マルクス主義の研究を禁止したりすることは決してできない。私は、マルクス主義は客観的事実を最も重視し、総理は社会問題の解決は事実を重視し、理想を重視しないという、（両者のあいだには）いかなる違いも無いと思う。

二、国共両党の決裂は、根本の原因は革命の指導権の争奪にある。我々は革命の指導権を統一し、革命勢力を集中し、中国革命の迅速な成功を見るために、国民党によって革命の指導権を統一し、革命的勢力を集中させることを主張する。我々は現在共産党に反対するからと言って、共産党が以前に行なったすべての方法にやみくもに反対しようとするものではなく、『ことごとく道に反することを行なうこと』、『弊害を直す』のでなく、『いき過ぎてしまう』ことに反対する、のである。共産党が以前行なった誤った行動は、我々はもとよりふたたび犯すべきではないが、彼らが行なった革命工作は、我々もやはり継続して進めるべきであり、彼らに比べて一層努力し、熱心に行って、真に民衆に益するようにすることができるのである。その時、共産党はやることが無くなり、すなわち自然に消滅するであろう。だからこの一点で、口頭でさかんに共産党に反対するというよりも、実際の工作の中で共産党を消滅させるにしくはないと私は思う。革命は行動であり、一切は行動によって証明される。

すべての革命の同志!帝国主義・軍閥・ブルジョワジー・土豪劣紳・貪官汚吏など一切の反動勢力は我々を四方から取り巻いている。我々は何で自ら殺しあうのを忍んでいるのか!我々の一切の革命勢力を団結させ、すべての反革命勢力に向かって攻めかかろう!私がこのように話すのは、非常に心が痛み、多くを語れない!

資料 Ⅱ 「一つの誠実な声明」(『民主抗戦論』所収)

永年政治論文を書かなかった私は、「八・一三」上海抗戦が爆発して以後、永年にわたって鬱積してきた胸中の熱情を抑えることができず、加えて友人たちの再三にわたる勧めを受けて、政治的意見を発表して、少しだけ『気勢を上げる』責任を尽くさざるを得なくなった。私はいくつかの短い論文、なかんずく章乃器先生の主張を批判した二編の論文が、一部の人の誤解を引き起こし、私の主張は『左傾して幼稚である』として彼らの『とがめ』を受けるとは思わず、はなはだしくはある人は『右傾をもって左傾を克服しようとしている』と主張する人がいるとは思いもしなかった。これは私をして異常な不安と驚きを感じさせた！

一九二三年に共産党が国民党と合作することを決定してから、一九二七年国共両党が完全に決裂するまで、私は一人の最も忠実な国共両党の合作を最後まで擁護してきた人間である。私はこの革命政策を擁護するために、上海において、広州において、武漢において、咸寧・嘉魚・新堤一帯において、至るところで演説し文章を書いて国民党と共産党の関係を説明し、三民主義とマルクス主義の関係を説明して、理論上から国共両党が合作することは十分に可能であることを証明しようとし、これによって人々に国共両党の合作に対して信念を固められるようにと思ったのである。一九二七年国共両党が完全に分裂して以後、私はまた国共両党の『党外合作』運動を進めようと思い、新たにすべての革命勢力を団結させることを企図した。張発奎先生の率いる第四軍が広州に帰って以後、私は張発奎先生と黄琪翔先生からの電報に接して、同年一〇月単身広州に赴き、黄琪翔・陳公博先生に国民党左派は共産党と『党外合作』を実行するとの意見を提起し、当時の危険な局面を挽回するよう希望した。（しかし）当時の客観的環境によって私の意見は取り入れられることなく終わり、まもなく私は上海に帰った。一九二八年のはじめ、若干の友人といくつかの青年の大衆団体の激励と勧めによって、少数の志を同じくする友人が集まり小さな集団を組織した。当時、すぐに政党を組織することを主張した何人かの友人がいたが、私とそのほかの何人かの友人が断固として反対して、（それは）実現はしなかった。当時我々の小集団は名称がなく自ら政党を作ろうとはせず、ただ一切の革命勢力の大団結を促進することを思っただけである。我々の綱領の主要なもののいくつかを以下に列挙すると、（一）すべての革命勢力の大団結を促進する、（二）中国の現段階の革命はブルジョワ民主革命であるが、非資本主義的な道に進むことが可能であると考える、（三）中国の当面の革命勢力は労働者・農民と都市の小ブルジョワジーであり、労働者と農民をもって主力軍となすと考える、（四）中国の当面の革命の対象は帝国主義と封建勢力及びブルジョワジーであり、当面の主要な任務は民権運動を発展させ、土地問題を解決することであると考える、（五）中国革命は孫中山先生の革命系統を受け継がねばならず、孫中山先生の革命精神を十分に発揮し、孫先生の革命政策を忠実に執行しなければならず、革命的精神と科学的方法をもって三民主義を解釈しなければならないと考える、（六）国民党の虐殺政策と共産党の暴動政策に反対する、（七）中国革命は世界革命の一部であり、全世界の被圧迫民族及び被圧迫階級と連合し、孫中山先生の『連ソ政策』を引き続き行なわなければならないのである。当時我々の最初のやり方は一部の友人を派遣して譚平山先生の指導するいわゆる『第三党』に参加させ、別の一部の友人を陳公博先生が主宰している『革命評論』社に参加させることであった。私は革命評論に参加した一人であり、後に革命評論の鼓吹によって『国民党改組委員会』が成立したことによって、最初は私もそれに入っていた。一九二八年末『国民党改組委員会』が任命と指定による人選よって召集した、いわゆる代表大会が成立して以後、私は彼らの組織方法と政治主張に賛成せず、その他の何人かの友人とともに『改組派』を脱退した。後になって、各党派の友人と接触したことはあっても、終始いかなる政治集団にも参加しなかった。

私が『改組派』を退出後、私は二つの大変不利な批判と中傷をうけた。一つは共産党が私に加えた批判と中傷であり、一つは『改組派』が加えた批判と中傷である。当時共産党の機関誌の『布爾塞維克』は絶えず私を「叛徒」・「反革命」・「ブルジョワジーの犬」などとののしっただけでなく、惲代英先生は特に二、三万字の長文を書いて私の「革命理論」を反駁し、彼の文章の中で私が武漢軍校解散時に他人の一、二千元の給料を私したと言い（代英先生の文章のことばは非常に巧妙なもので、彼は後に『事柄がどうなったかは知らない』と言い、彼がこの事柄の真実がどうであったのかにたいして責めを負っていない）、私に対して人身攻撃を行なった。『改組派』の方では、私が大陸大学の講演で彼らの弱点を暴露したことと、ある小新聞に私が陳公博先生に送った『改組派』退出の手紙を発表したことについて、私に対してきわめて快く思わず、彼らが発行している小新聞で私に対する攻撃を次々と行い、長編のいわゆる施存統伝を捏造し、私が陳布雷先生の紹介で、ある団体に加入したと言い、私がいわゆる『中央委員』になれなかったために『改組派』を脱退したのだとさえ言っている。総じて言えば、一九二九年上半期は、左右双方から私に対する攻撃が非常に激しく、その後七、八年にわたって一部の小新聞も不断にデマを捏造し、私は既に共産党に復帰したとか、私が南京の組織したある団体に参加して官吏になる準備をしているとか、私がなんと『第三党』・『取消派』に参加したとか、私が生活に困って郷里に住まねばならなくなったときにさえ、ある人はデマを作り出していた。しかし七、八年来、私はじっと隠忍自重し現在に至っており、いかなるデマに対しても声明を出したことは無く、すべてを聞き流してきた。なぜ私がこのような態度を採ったのか。第一には、私は『デマを避けるには自ら襟を正すに如くはない』と考えたからであり、ただみずから真に人となるべきで、他人に顔向けできないことをせず、立ち居振る舞いをひっそりとし、永遠にこのようにして『棺を蓋う』時になって自然に明らかになるであろうと考えたからである。第二に、私が『改組派』を脱退して以後、自分の性格と能力は一人の革命的政治家となりえないと考え、永遠に一人の『書斎人』となり、学術上で社会に貢献することを決めたからである。だから政治上の毀誉褒貶および政治活動からきたデマは取り合わなかった。第三に、私と共産党の関係は七、八年の歴史を持ち、私が共産党を抜けたのは決して彼らが根本的に役に立たなくなったからではなく、私が共産党以上に革命的行動をとる以前には共産党を攻撃しようとは決して思わなかったからであり、さらに良心にそむいて彼らを『反革命』とののしることを決して願わなかったからである。（私は当時共産党のある種の政策と行動に対して不同意であったが、それにたいして批判することを避けることにつとめた。なぜならば当時の客観的情勢は我々に主要な力を右傾した勢力を批判し、反革命勢力を攻撃することに集中することを要求していたからである。私は当時『改組派』にあって、『右を打って左を打たない』のスローガンを提出したのは、このゆえである。）私が彼らの攻撃を受けても反論しなかったのは、故意に革命する者を攻撃することによって、自ら反革命の道を歩むのを願わなかったからである。

八、九年来、私はずっと、一九二七年に国共が完全に分裂して以後、一九二九年のはじめに『改組派』を退出したときまでの期間に発表した言論を後悔してきた。私は当時発表した言論のすべてが誤りであったとは認めないが、二つの主要な点は疑いも無く誤ったものであった。第一は、私は当時労働者・農民及び都市の小ブルジョワジーが連合して統一した革命政党を組織することを主張し、国民党左派と共産党を連合して一つの政党を組織することを主張した。（これは）政党の階級性を無視したもので、明らかに重大な誤りである。第二に、我々の当時の主張と行動は主観的にはすべての革命勢力を団結させようと思っていたのであるけれど、客観的には確実にただ小ブルジョワジーの中間派の運動であるだけであった。国共両党がまさに激烈な闘争をしているときに、一切の中間の運動はよい前途を持つことはできず、国民党の方に行くか、ただ共産党のほうに行くかだけである。私のように国民党に満足せず、共産党員にも不満であった人は、その結果ただ消極的に政治を不問にしたのである。私は自分の政治活動の失敗に心を痛めており、なかんずくあの一時期の政治活動の結果、一部の人に立身出世の機会を提供しただけになってしまったことに心を痛めたために、永遠に一『書生』となり、再び政治にかかわることをしないと決心した。八、九年来、私は政治論文を発表することを願わなかった原因は、ここにあるのである。

ここで私はついでに私に不利なデマについて釈明しようと思う。一つは惲代英先生が、私が（他人の）給料をちょろまかしたと言ったことである。一九二七年七月武漢の国共両党がまさに分裂を準備していたとき、武漢中央軍事政治学校政治部が、ある日、期限を切って事務処理を終了せよとの事務所からの命令を受け取った。当時私はその学校の政治部主任であり、会計員は私にすべての勘定は明日中に終わらせねばならないと報告し、まだ一部の教官が給料を取りに来ていないが、どう処理するかを私に聞いてきた。一つには私がかつて上海大学で教えていたとき多くの教員に代わって給料を受け取ったという習慣があったこと、二つには何人かの教員は私の友人かあるいは金銭を必要としていた（彼らはみな漢口に住んでおり、一時彼らに受領に来るように知らせることができなかった）。だからその会計員に彼らの給料全部を私にあずけ、私が彼らに替わって領収のサインをし、私が彼らに転送すると告げた。彼らの給料と私自身の二か月分の給料を含めて、合わせて確かに一千数百元を受け取った。私はこのことのために特に一度漢口にいき、一部分は手渡した（たとえば許徳珩・沈雁冰・李合林・彭述之先生などである。李合林先生は引っ越していて、私は藩震亜先生に転送してくれるよう頼んだ）。別の一部分は手渡すことができず、すぐに妻の鐘復光女史に政治部に返すよう託した（おおよそ四、五百元）、そのとき総務科長の季剛先生は不在で、秘書の陶希聖先生が替わって受け取った。さらに陶先生はこのお金でちょうど赤字を補えると言った。この時に経過した実情は、私の記憶に少々の誤りがあるかもしれないが、大体において決して誤っていないと考えている。李合林先生を除いて、その他の何人かの先生はまだ健在であり、この件の事実についてみな証明することができる。私は後に武漢を離れることができたのは、李漢俊・胡蘭畦・劉肖愚などの先生の助けによったことによる。上海についてから何日も飢えていた。幸いまもなく邵力子・陳望道先生などに偶然に出会った。彼らの援助によって一時的に生活の問題はかろうじて解決することができた。最近に至ってもなおこの件を持ち出して私を中傷する人がまだいるが、私はこれまで一言たりとも弁明したことは無かった。今日ついでにここで声明したに過ぎない。

もう一つのデマがある。それは『改組派』のある人が私について流したデマであり、私が「中央委員」になれなかったために『改組派』を脱退したのだという。事実はちょうど反対で、私は「中央委員」になるのがいやで、『改組派』を脱退したのである。『改組派』が指名した代表大会を開こうとしたとき、私と一部の友人はこのような大会に根本から不満で、我々は陳公博先生の面前で、上海の党員大会および大陸大学支部のなかで、みな反対の意見を示したことがあった。ある日、陳公博先生は特にこの件のために私を訪ね、私が彼の家で話し合うことを望んだ。その時胡蘭畦・黄恵平・張百海・梅哲之先生などがその場にいたと記憶している。陳公博先生はその大会に反対すべきでないと再三にわたって私に勧告し、彼は私に一枚の「中央委員」の予備選挙の名簿を渡してくれた。その名簿には「中央委員」一四名が列挙されていた。（そのうち）一二名は当時いわゆる『広東派』であり、別の二名が私と陳翰笙先生であった。私はその名簿を見て非常に不愉快になり、多くの不満の意思を告げた。（これは）陳先生を非常に困らせ、お互いにこの話に気まずい思いで別かれた。これによって私はすぐに『改組派』を離脱し、再び彼らと関係を持たなかった。これが、私が『改組派』を離脱した実際の状況であり、彼らが宣伝しているところと完全に相反している。私の目には「中央委員」はいくらの値もしないものであり、私は決して「中央委員」になれなかった争いのために『改組派』を脱退したのではない。

八、九年来、私の良心は常にとがめており、過去に艱難を過ごした何人かの友人や同学にたいして面目ないと思っていた。彼らは革命のために犠牲となったのだ。（それに反して）私は人の世を楽しんでいる。私は一時的に認識を誤り、最後まで革命をすることができなかったために、彼らのあのように勇敢に壮烈な犠牲とはならなかった。私はただ慙愧と不安を感じているだけで、いかなる攻撃や中傷を受けても怨まないと思っている。私は今日では、しいて自分をなぐさめることができる。それは今日まで、大衆をだます心を持っていないこと、己の利益のために他人を損なうことをしないこと、『官について財をなす』道を歩まないこと、貧苦のために自分の良心に背くことをしないことにとどまらず、かつて自分の良心に背いた話をしなかったことである。私は消極的な面ではこの一点を何とか保っており、積極的な面では限りない慙愧の念を感じているだけである。私は失敗した政治経験から自らを認識し、自分の性格と能力は革命的政治家となることはできず、さらに一人の革命の指導者あるいは政治の指導者となりえないことを深く知った。それゆえ一人の『書斎人』となることに専心し、再びいかなる政治活動にも参加しないと決心したのである。

八、九年来、かって何人かの友人が私にこの政治集団あるいはあの政治集団に加入するよう勧めてくれ、ある友人と青年は私に自分から小さな政治集団を組織するよう進めてくれるものもいたが、自分の欠点と能力を深く知っているため、これらすべてを婉曲にことわった。ある青年と友人はこのことによって私に失望し、私がひどく消極的であると言ったが、私はただ素直に聞くだけであった。〝九・一八〟以後、日本帝国主義が絶えずわが国に攻め込んできて、亡国奴となるのを願わぬものの反攻の情熱を自然にかきたてた。私も例外ではなかった。しかしこの六年間〝一・二八〟のときに発表した二編の政治論文以外、いかなる政治論文も書いたことは無かった。〝一・二八〟のとき上海にいたのを除いて、一九三二年の下半期から北京にいて、昨年北京と広西で、公開講演で抗日救国を宣伝した以外には、いかなる有効な宣伝工作もしたことは無かった。そのうえ自分の背後に党派と大衆がいないため、終始、〝学究式〟の宣伝をするだけで、〝闘士式〟の扇動をすることは無かった。私は自分の政治に対する態度が非常に積極的でないのを知っているが、嫌というほどの失敗の教訓を受けている私は、実際にはあえて積極的にかかわる勇気がなかったのである。このたび抗戦の将兵と抗戦の民衆の後ろに従って、〝旗を振って歓声を上げる〟宣伝の責任を少しでも尽くすのは、一つには日本帝国主義の猛烈な侵略のよることと、二つには一部の友人の熱情的な督促によっていて、まだいくらか受動性を帯びている。章乃器先生の主張を批判した二つの短い論文についても、再三にわたって慎重に考えた後に筆を執って書いたものである。私は自分の態度がまだ十分には積極的ではないと深く自覚している。

私は現在いかなる党派にも参加していず、いかなる党派の主張にも盲従できない。私自身いかなる党派も組織しようとは思わず、いかなる指導者となる妄想をもない。だから私は自身の〝理論〟を作り出そうとも思わない。私個人はいかなる野心も無く、いかなる特殊な政治的意図も無い。私の立場は民衆の立場であり、私は終始民衆の立場に立って話しており、一党一派の立場に立って話しているのではない。私の根本の主張はただ一つだけであり、すなわち『民主的抗戦』を推進すること、民主的方法で全国の一切の人力物力を動員して抗戦を最後まで支持することである。私は抗戦の基礎は民衆であると考えている。なかんずく全国の人口の八五％を占めている生産に従事している労農大衆である。将兵の補充も彼らに頼らねばならず、食糧と軍需品の供給も彼らに頼らねばならない。これによって、私は交戦中は労農大衆の利益を擁護し、抗戦している民衆の生活を保障し、同時に民族・民権・民生の三つの問題を解決して、民権の拡充を基礎としなければならないことを主張する。これによって、私は政治機構を改革し、戦時統制経済を実行し、すべての漢奸勢力と貪官汚吏分子を粛清することを主張する。私のこの意見は、大部分が一九二七年の国共両党の分裂以前に公認されていた意見であり、いくらかの部分が各国で戦時に採用された方法であり、大多数の民衆が要求している意見でもある。私は何をもって『左傾』と言い、何をもって『右傾』と言うのかを知らず、何をもって『高調』と言い、何をもって『低調』と言うのかを知らない。私はまたそれが『旧い品物』であるか『新しい品物』であるかも問わない。ただ抗戦を最後まで支持することができなくてはならず、『新しい品物』でも『旧い品物』でも用いることができるのである。抗戦を最後まで支持できないところの『新しい品物』も『旧い品物』も、みなだめである。私は現在の情勢は非常に緊迫していると思っている。だから大声疾呼して政府及び民衆に注意するよう促すのである。私は救国の『本物の才能と身についた学問』を持ってはいない。ただいくらかの『空論』を発して『本物の才能と身についた学問』を持っている人の注意を促すだけである。しかし私はこの『空論』が『一時のひらめき』によって提出されたものでなく、さらに『新しい説を唱える』ためではなく、自分の派閥や指導者の地位を守るためではない。それはわが国と外国の多くの歴史的経験と生きた事実に基づいて総合したものである。私は私個人がいかなる党派も大衆も権力も持ってはいず、私個人は自分の意見をただちに実現する方法と力を持っていないことを知っている。しかし私はこれらの意見が大体において正しいものであり、真に抗戦を最後までやろうとすれば、このようにせざるを得ないと固く信じている。もし民主的方法で表決すれば、必ず多数の民衆の賛成を得ることができるであろう。歴史の発展はまさにこのことを証明するであろう。私は党派に参加していないがあえて政治的意見を発表する原因も、まさにここにあるのである。

当然、私はいかなる人であれ私の意見に正しい批判をすることに対して歓迎する。ただ理由のある批判であれば、私は虚心に受け入れ誠意をもって答えようと思っている。しかし理由が無く『政治的なレッテル』を持ち出して、脅しをかけることには私は恐れず、同時にただ『不問に付す』だけである。君はある種の『レッテル』を他人にかぶせることができる、他の人も君に別の『レッテル』をかぶせることができることを知らねばならぬ。あれこれ相互にののしりあうことは永遠に結果を結ばないものである。批判は主張に対する問題であって、人に対する問題ではない。私は章乃器先生の主張を批判したことがあるが、私は章先生の人となりを批判したのではなく、他人に対して人身攻撃をしたことはない。しかし章先生は『左傾した幼稚な人たちを咎め』、別の人の幾つかの字句を捉えて『自分の都合のよいところだけをとって』批判している。私は、私の章先生の主張に対する批判は善意のもので、客観的なものだと思っており、章先生の原意を曲解していないと思っている。章先生は私の批判に同意しないならば、『反批判』することができ、私のある意見に対して正々堂々と批判することもできる。理由の無い『自分の都合のよいところだけをとる』ことと『中心でない別の問題を提起する』のは、ただ自分の認識の弱点を暴露するだけで、他人を傷つけるものではない。自分の誤った主張を弁護するために他人の正しい主張を批判することは、ただ自分をさらに誤った道に走らせるものである。故意に国民党と共産党の主張と区別するために『新しい説を唱え』て『一派をなす』主張を提起すること、あるいは勝手に新しい名詞を作り出して自分の新発明だと誇ることは、その結果さらに誤った道に行き着くであろう。私はやたらと『新しい品物』を作って売り出す能力が無く、私の売るのは大半が以前別の人が売り出したものか、現在多くの人が売っている『旧い品物』――しかしこれは抗戦の必要に合致した『旧い品物』である。私のこの時期に『旧い品物』を取り出して売りに出したところのものも、抗戦の必要に適したものに過ぎない。『新しい品物』は大衆に依拠して作り出すものであり、行動の中で作り出されてきたものであって、ある個人の頭脳が勝手に作り出してきたものに基づいているのではない。

これが、私のある種のデマと誤解に対する一つの誠実な声明である。

（この文章は、もとは『文化戦線』の第九期に乗せる予定であったが、『文化戦線』が上海で出版できなくなったので、ここに発表した。）

（『民主抗戦論』一九三七年一二月　上海新化書局）

資料　Ⅲ「当面の経済危機について」

一〜三（略）

四　経済危機を克服しようとすれば、まず民主政治を実行せねばならぬ

上述したような政策と方策は、徹底的に実行し、実行を効果有らしめようとするならば、まず民主政治を実行しなければならず、まず先に中国の政治を民主化させなければならぬ。そうでなければ、すべては空想に変わってしまうであろう。

ここ数年来にわたって私が書いた文章は、すべてが経済問題に関係する文章だということができる。し

かし私はいつも文章を書こうとしたときに、特に結論を書くにいたったときには、政治問題に考えが至らなかったことはないし、政治問題をさきに解決しないでは、経済問題は決して徹底的に解決できず、さらには解決の方法さえないと思わなかったことは一度もない。一七年来、私は政治を問題にすることを願わず、政治を避けようと思った。しかし政治は不断に私に問いかけてき、私を逃げさせなかった。

目前の国内の一切の問題の中心は政治問題である。もし経済・軍事・教育・文化その他の一切の社会問題を解決しようとするならば、まず先に政治問題を解決しなければならない。抗戦が起こったとき、私は政治問題がすべての抗戦問題の中心であるといったことがある。すでに抗戦が終結し建国がまさに始まろうとしているときに、私は一言補足しなければならない。政治問題はすべての建国問題の中心であり、今日の政治的紛糾は抗戦の時期から残されて来たものである。抗戦期にしっかり政治問題を解決しなかったから、今日の政治的紛糾が醸成されているのである。もし今日まだ政治的紛糾をよく解決することができないとすれば、この紛糾は引きつづき残り、拡大して、前途は想像するに耐えられないものとなるであろう。これはすべての中国人にとって直接的な利害関係があり、よく解決すれば、われわれはみな利益をうることができる。もし解決がよくないか、解決ができないならば、われわれは限りない被害を受けるであろう。だから一人一人の中国人はみな中国政治に関心を持たねばならず、中国政治に係わり合い、自分の一部の力をも出して中国の政治問題の解決に参加し、けして「自分のかかわること以外には口を出さない」という態度をとってはならない。政治はわれわれ人民自身のことであり、われわれ人民自身が主となって行い、決して軍閥や官僚・政客・ごろつきなどに任せて、好き勝手にさせてはならないのである。

目前の政治問題の核心は民主と不民主の問題である。「中華民国」はすでに成立してから三四年たっている。しかし実際上はただ「官国」・「軍国」・「帝国」・「党国」があっただけで、これまで真の「民国」があったことはなく、全国的な民主政治が実行されたことはなく、かつて人民が国家の主人になったことはなかった。これがすべての政治的紛糾の根源であり、国家のすべての混乱の根源であり、同時にこれがこのたびの内戦の真の根源である。中国に民主政治の実行がなく、人民が国に対して主人となることができないので、政治的権力と武力を持つ人が民意に違反し、人民を欺き、汚職をほしいままにしようとし、きわまるところのない状況となっているのである。現在抗戦は勝利し、国際情勢は空前の有利な情勢であり、大多数の人民は平安を望んでおり、家業に安んじ、休養を望み、全国が団結して共同して建国に努力し、政治の民主化と経済の工業化を実現し、人民の・人民による・人民のための真の「民国」の建設を願っている。ところが突然、大規模な内戦が勃発したことは、明らかに中国はまだ真の「民国」ではないことを証明した。人民の意志はいまだ尊重されるにいたらず、人民の力は政治を支配するのに不足している。もし今内戦を阻止し、平和を回復し、統一を強固にし、独立を保障しようとするならば、ただ人民自身の力をもって内戦の当事者の双方に直ちに衝突を停止するよう迫り、民主的政治の方式ですべての政治の紛糾を解決することとしかない。

われわれは人民の立場に立って、国家の前途のために、いかなる名目において内戦を進めることにも断固反対する。第一に中国の目前には千載一遇の有利な時期が存在する。もしこの時期をうまく利用して建設に従事することを強化せず、中国をして最も短期間に政治の民主化と経済の工業化を実現して、富強・

平安安楽で自由な中国を作ることをしないならば、そのときには〔中国は〕永遠に解放されず、永遠に他人の奴隷となるのである。今日の内戦の双方の当事者は武力の上ではほぼ敵の力と拮抗しており、人民の基盤という点ではいずれもそれを支持する大衆があり（自覚的な者と無自覚的な者と）、国際的にもそれぞれに同情する分子がいる。だからその結果、必然的に一方が他方を降伏させえず、一方も他方を消滅させることはできず、いたずらに兵火を続け、人民を苦しめ、国家を滅亡させ、中華民族の生命をだめにしてしまうのである。第二に、今日国民党は口を開けば「政権を国民に還さね」ばならぬといい、共産党は口を開けば「民主を実行し」なければならぬといっている。そして双方は一致して「民主・平和・団結・統一」の根本方針に同意しており、正式に「断固として内戦を避けねばならぬ」と声明している。とすれば言行を一致させ、真に「断固として内戦を避け」、民主的な政治の方式をもって「政権を人民に還し」、「民主を実現」しなければならないのである。国民党は政権をとっている党であり、中央政府の政権を握っている。これは多くの責任を背負っているのであり、まず先に身をもって直ちに政権を開放し、一党独裁を解消し、各党派と各界の指導者を招請して、比較的民主的な国民政府を共同して組織し、共同して責任をもって各種の民主的改革を実施し、普通に選ばれた真に民意を代表する国民大会（絶対に一党が取り仕切る御用国民大会ではない）を召集し、真に「政権を国民に還す」。そうすれば一切の反対派の口実をたちきることができ、共産党の「民主を実行する」と言う声明が誠意のあるものかをはかり知ることができ、同時にまた国民党の中国民主政治のもとにおける政治的地位を強固にすることができるであろう。今日国民党は自らこのようにすることを認めず、各党派のこのような要求を受け入れることを認めず、政治上きわめて聡明でなくなっている。われわれみんなが知っている。今日の国民政府は民主的実質を備えていないだけでなく、民主的形式すら備えていないことを。民主的潮流が世界にあふれている今日、今回の戦争に敗れたドイツ・イタリア・日本などのファシスト国家もすでに民主的改革の実行を開始した今日、誰がこのような政治制度に満足するだろうか？このような政府の下で、反対党に向かって政令・軍令の絶対的な統一を要求しても、反対の結果になるだけではないのか？たとえば立場を変えたとして、国民党は共産党政府の命令を聞くことに憤慨しないでできるだろうか？曹操は「天子を擁して天下に命令した」が、劉備と孫権はその命令を認めなかった。いわんや今日の政治集団においてをや？私の見るところでは、国民党はよってもって自ら合理化している二つの理由がある。一つは、彼らの政権は革命によって得たものであり、だから彼らは訓政をする権利があり、この政権を軽々しく手放すことはできないというものである。もう一つの理由は訓政の時期というのは孫中山先生が定めたもので、彼らはこの教えに反して建国の順序を変えることができないというものである。もし第一の理由が成立したとしても、共産党あるいは他の党派が革命に名を借りて君たちの政権をひっくり返すことができないとでも言うのか？このような政権の争奪は人民から見れば、ただ一種の「仙人が戦争をして、庶民が苦しむ」ということだ。国共両党にとっては得失の別はあろうが、人民にとってはただ失うものはあるが、得るものは何もないのだ。国民党は革命を起こした政党であり、当然この道理を知らないということはできない。かりに第二の理由が成立するとするならば、中国は「民国」と言うべきではなく、「君国」になってしまったというべきであろう。もし孫中山先生の遺訓と建国の順序を絶対に変えることができないとするならば、彼を皇帝と同様にみなし、彼の言葉を聖旨とみなしてしまっているに異ならないのである。その実、専制時代にあっても変法自強の開明的皇帝は有った。いわんやわれわれは民主主義の時代にあるのであり、いわんや孫中山先生自身は一人の徹底的な民主主義者であり、彼は決して他人が彼を皇帝とするのを歓迎しないであろう。孫中山先生は中華民国の創設者であり、国家と人民に大功がある人であり、中国人はみな彼を尊敬しており、彼の思想の指導を受けいれることを願っている。しかし三民主義と孫中山先生のすべての教えは、ただ人民が信頼するよう導くことができるのみであり、人民に受け入れることを強制してはならない。三民主義と孫中山先生の教えはただ人民の研究・討論を経るとともに、真に人民を代表する機関(たとえば真に民意を代表する国民代表大会)の採択あるいは同意を得て、はじめて国家の意思と法律となるのであり、はじめて全国人民全体に遵守させることができるのである。つまるところ孫中山先生の教えの中には今日の人民の必要に合致する部分があり、今日の人民が受け入れることを願ったとしても、その一部はすでに時効となっているものもあり、今日の人民の必要に合わなくなっているものもある。今日人民が受け入れることのできないものは、必ず人民の自由な意思の選択を経なければならず、いかなる人も権力を以って強制することはできないのである。このようにしてはじめて真の民主主義であり、「君主主義」ではないのである。現在国民党の言っている建国の順序というのは、まったく人民の同意を得ておらず(人民は自分が同意するか否かを表明することができない)、人民に対して当然拘束力を持っていない(仮に国民党が民主的原則を承認したとしても)。国民党は当然この理由を口実に民主政治の実施を延期することはできないのである。だからわれわれは国民党に替わって考える。すばやく一党専制を取り消し、直ちに民主政治を実行し、政治の方式を用いて目前の政治的紛糾を解決し、決して戦争に訴えるべきではない。共産党の方については、すでに解放区では民主政治を実行していると再三述べており、再三国民党と共同して平和建国すると表明している。とするならば言行を一致させるべきであり、極力、衝突（なかんずく軍事的衝突）を回避すべきであり、全国の平和と統一の実現を求めるべきである。われわれは知らねばならぬ。民主主義は他党と異なった意見の存在を許さねばならず、絶対に独断と引き回しを許すものではなく、ただ自己の政綱と政策および言行一致の努力によって人民の同情と擁護を得るべきであり、絶対にみだりに武力を用いて政権を保持しようとしたり、（政権を）奪取しようとするべきではなく、武力を用いて地盤を維持したり、拡充しようとすべきではない。人民のため、国家のため、あるいは国民党と共産党のためとを問わず、ただ民主政治を実行することのみが唯一の生きる道であり、その他の道はすべて死に至る道である。われわれの経済危機はただ民主政治の下でのみ克服できるのである。そのようでなく、内戦が拡大し、生産が停頓し、人民は苦しみ、飢餓にさまよう、それはわれわれの経済危機をさらに普遍的なものにし、永続的にし、重大さを増大させ、そのまま破産と壊滅に至らしめ、復興の希望を永遠になくすものである。これは一つの可能な恐ろしい災厄であり、われわれは可及的に速やかに（この事態を）救済しなければならぬのである。

五　民族企業家は指導的責任を負わねばならない

民主政治は一種の多数の人民を主人とし、多数の人民の利益を擁護し、多数の人民の意志を尊重する政治である。このような民主政治を今後の中国において実現しようとするならば、民族企業家は積極的に指導の責任を負わねばならず、すべての進歩的な民主勢力と連合し、共同して勝ち取らねばならぬのである。

歴史上から見れば、ブルジョワジーは近代民主政治の創造者であり、擁護者であった。資本主義の発生と発展の時期には、社会を代表する進歩的勢力であった。中国では、中国の社会経済の半植民地性と半封建性のゆえに、買弁資本と官僚資本を生み出し、それらを代表するブルジョワ階級がすべての経済生活の中で優勢な地位を獲得し、中国ブルジョワジーの革命性・進歩性・民主性を埋没させてしまったのである。しかしながら事実の上では、中国のブルジョワジーの内部には早くから一部の進歩的民族企業家（民族資本家）が不撓不屈に困苦奮闘して（最近亡くなった范旭東先生はその代表的人物である）、中国を進歩的な道に進ませようとした。このたびの抗戦中にも艱難辛苦して自分の工場設備を内地に移して仕事を再開し、戦時の国防と民生の必要に応えた資本家がおり、彼らはみなこのような人物である。彼らは民族意識を持ち、企業精神を持ち、建設の抱負を持ち、中国の工鉱業事業をよくしようと思い、中国の経済を自立した経済に変えようと思っている。不幸にして中国の政治は、このような彼らの願望の実現を妨害するものである。抗戦が終結した今、後方の工鉱業は一致してとたんの苦境に陥っている。彼らは政府要人に頭をたれて請願せざるを得なくなっている。然るに応対した人は、「いい加減につじつまを合わせて責任を逃れる」のでなければ、「頑固で独りよがり」であって、このような重大な工鉱業の問題にまったく心を留めないのである。このような残酷な事実は、彼らがみんなで団結して立ち上がり、共同して奮闘することなくてはだめであり、全国人民と一致して努力し民主的な政治を実現しなければだめであることを教えている。八年の抗戦は彼らを教育した。腐敗して無能な官僚政治も彼らを教育した。生活の中で、実践の中で、彼らは政治を理解し、自己の責任と力と前途を認識した。これから以後は、中国の政治闘争は一つの新しい段階に進むであろう。

中国の経済を発展させることができさえすれば、中国の民族企業家の政治的地位と政治的役割は必ずや高まり、かつ不断に高まることであろう。だから中国民族企業家の利益は、進歩にあり、保守と後退にあるのではない。すべての進歩的な勢力と共同して民主主義を戦いとることにあり、反動勢力と連合して民主主義を鎮圧することにはない。中国国民経済の発展は、少なくても二、三〇年の間は資本主義の経済（ただし改良資本主義）であり、民族企業家の利益は農民・知識分子・都市の小ブルジョワジーの利益と衝突することはないのみならず、プロレタリアートとさえ調和できない利害の衝突はないのである。これらはみな進歩的な民主勢力であり、民主政治の実現を戦いとり、経済建設を進める時には一致団結して、反民主的な保守勢力とたたかって、中国の政治・経済・社会の各方面の進歩を求めなければならない。この闘争の中で、民族企業家は指導的な役割を担うことが可能であり、さらに指導の責任を担い、一切の進歩的な勢力を積極的・勇敢に指導して共同の目標の実現を戦いとらなければならない。国家と自己の前途のために、民族企業家はみな遅滞なくこのようになさねばならぬのである。

このような方向に向けての努力があってのみ、中国の政治と経済には光明な前途があり、われわれの経済危機はこのようにしてのみ順調に克服できるのである。このようにして、すべての民族企業家とすべての平和愛好の人民がすばやく一致団結して、すべての力量と方法を用いて目前の大規模に進行しつつある内戦を阻止し、平和を回復し、民主主義を実行し、復員に努力し、建設を積極的に行い、生産を増加させ、交通を発展させ、民生を改良し、社会を安定させ、もって当面の重大な経済危機を克服することを希望するのである。

(『四川経済季刊』第三巻第一期〈一九四六・一・一〉)

資料Ⅳ 「中間派論」

今後の中国政治の出路は、ただ民主的な政治を徹底的に実行することだけである。民主政治を徹底的に実行しようとするには、全国の大多数の人民が政治組織と政治活動に参加すること、なかんずく中間階層が政治上偉大な力と積極的な作用を発揮することに頼らねばならない。換言すれば、中国の民主政治が徹底的に実行されるか否かは、中国政治のうえで中間派が強固な中心的な政治的力を形成できるか否かに見られるであろう。

現代の民主政治は、政党を通して運用され、実現されねばならない。階級社会では、少なくとも二つの均衡して力戦しているかあるいは勢力的に互いに大差の無い政党が同時に存在し、相互に競争し、相互に批判し、相互に監督して、真の民主政治があるのである。目前の中国では少なくとも三つの有力な政党が存在しており、内戦を消滅し、平和を打ち立ててはじめて、民主政治が実行できるであろう。現在国内の左右の二つの勢力は既に強大な政党を形成しており、そのうえそれぞれが強大な武装力を持ち、その支配地域を持っている。ひとり中間階層だけが微弱で無力であり、一部は右派のもとに寄生し、一部は左派に付属しており、一部分が自立した小党派を形成し、大部分は散砂のままで組織されず、他人に愚弄され牽制を受けている。まさにこのようである。だから全国人民の多くの人が望んでいる今、まだ民意に反して内戦を作り出し、内戦を起こし、内戦を拡大しさえしている人がいる。これによって、中間階層の組織が無く、力量が無いことは、中間階層自身の損失であるだけでなく、同時に国家と民族全体の損失でもあるのである。

もし中国に一つの強力な中間派があれば、国共両党の矛盾を調停することができ、国共両党の合作を促すことができるだけでなく、当面の政治を安定させる中心的力になることができ、この中心的力をもって中国の政治の民主化と経済の工業化を促進することができるであろう。当面の国内と国際の情勢から見て、我々は絶対に一つの強力な中間派を必要としているし、客観的にはこれは可能であり、主観的には中間分子の覚悟と努力が必要とされる。

今日の中国では、中間派は実に広大な社会的基礎を有し、民族ブルジョワジーと小ブルジョワジーはみな中間派の社会的勢力であるということができる。はっきり言うならば、民族資本家・知識分子・小商人・手工業者・及び大部分の農民はみな中間派の大衆である。これらの大衆は全国人民のなかで最大多数を占め一つの強大な政治勢力を形成すべきであり、形成することができる。この一つの政治勢力は、それ自身の要求（封建的束縛と帝国主義の圧迫を排除する要求）及びその歴史的発展の道筋（民族資本主義の発展）

から言えば、みな一種の進歩的勢力である。いわんや今後の中国は絶対に内戦を行なうべきではなく、絶対的に平和を必要としており、さらにこのような政治勢力が今後の政治経済建設の中心的勢力にならねばならぬ。だから我々は一切の中間的社会勢力を団結させ一つの強力な中間派を形成せねばならず、もって中国の政治経済の進歩を促さねばならぬのである。

中間派の唯一の出路は、政治の民主化と経済の工業化を促進させることである。この出路は全国人民の共同の出路である。だから中間派の利害と要求は全国人民の利害と要求に互いに合致するのである。ただ買弁資本・官僚資本と大地主の利益を代表する反動派が、この出路に反対するだけである。彼らは中国を植民地に向けた道に導こうとし、中国経済を自立させ、政治を自主的にさせ、国家を独立させないのである。これは一つの死への道であり、中間派が反対すべきものであるだけでなく、全国人民も反対すべきものである。

中間派は決して調停派であってはならず、二股派であってはならない。中間派は当面の内戦と一切の政治的紛糾に対して、全国大多数の人民の利益と要求にもとづいて公平で合理的な裁定を求め、自分の力量をもって左右両派に影響を与えなければならない。中間派は独立した立場と主張を持たねばならず、いかなる一方の尻尾あるいは付属物となってはならず、また無原則的にいかなる一方に反対してもならない。同時にいかなる一方に対しても、大多数の人民の利益と要求に合致する主張と行動をし、賛助と支持をするのを惜しんではならない。ただこのような中間派であってのみ、今日の中国が必要としている中間派である。

今日の中国の中間派はさらに独特な歴史的任務を持っている。右派が植民地資本主義の道を歩もうとし、左派は社会主義の道を歩もうとしている。（これは）みな今日の中国の歩むべき道ではなく、今日の中国が歩むことのできない道である。ただ中間派は、一方では民族資本主義の道を歩もうとしているとは言え、同時に決して社会主義の前途を妨害せず、そのうえ可能な限り労働者・農民の地位を高め、労働者・農民の利益を増進し、労働者・農民と一緒に政治の民主化と経済の工業化を完成し、自律的な経済と独立した国家を作り出そうとするのである。この意義のうえで言えば、今日の国民党と共産党の内戦は、広大な（〇〇──二字不明）中間派の存在を必要としている。国共両党の合作の可能性も、その社会的基礎によっている。国民党が完全に右派の政党であると言うことはできず、共産党が完全に左派の政党と言うことができないのも、この社会関係によっているのである。なぜこのような状況であるのか？ 十数年来の一党独裁と武装闘争の結果であると言うことができる。仮に今後国内平和を保持でき、各党の合法的存在が許され、真に正しい民主政治が進められるとしたならば、今後中国の政党は必然的に分離結合の過程を経て、おおよそ左・中・右の三派を形成するであろうと思う。しかし直近の将来においては、最も前途のあるのは中間派であり、右派でもなく、左派でもない。なぜならばただ中間派が歩もうとしている道のみが、今後の中国が歩むべき、あるいは歩みうる道だからであり、中間派が完成するべき歴史的任務でもあるからである。当然、この歴史的任務を完成しようとするならば、中間派はすべての進歩勢力と連合しなければならず、反動勢力と断固として闘い、同時に極左の幼稚な行動を防がなければならない。

総じて言えば、今日の中国の中間派は最大多数の人民の利益と要求を代表する進歩的民主勢力であらねばならず、平和的手段をもって中国の政治の民主化と経済の工業化をかちとり、中国を独立・自主・富強で繁栄した国家に造らねばならない。一切の中間階層が一つの強大な中間派を形成してのみ、このような前途が保障されるのである。これによって、国家民族の利益のために、中間階層自身の利益のために、一切の進歩勢力の共同の利益のために、すべての中間分子は緊密に団結し、積極的に政治組織に参加し、一つの強大な中間派を形成し、偉大な政治的力量と積極的な政治的作用を発揮せねばならない。いまのところ、いろいろな方法で組織することを先行すべきであり、もって将来の整然とした中間派の大団結を迎えよう。

（一九四五年一二月一五日　於重慶）

『国訊』第四〇五期〈一九四六・一・一〉

資料Ｖ「中間派とは何か?」

国共問題の合理的解決、中国政治の全面的な安定・平和・民主・統一の真の実現、経済建設の順調な進行は、みな一つの強大な中間派が政治の上で積極的で決定的な作用を起こすことが必要である。

しかし中間派は中立派ではなく、調和派でもない。是非のあいだにあって決して中立であるべきではなく、民主と反民主のあいだも調和することはできない。中立と調和は中間派が採るべき態度ではない。中国の中間派はそれ自身の社会的基礎と政治路線と対内・対外に対して明確な政策を持ち、国共両党に対して独立した態度を持っている。中国の中間派が強大に存在し不断に発展することは、ただ必要なだけではなく、可能でもある。もし強大な中間派が無くなれば、国共両党の合作は絶対に可能ではなく、政治の民主化、軍隊の国家化と経済の工業化も実現しようがない。

中国は一つの立ち遅れた農業・手工業が優勢を占める小生産性の社会であり、階級分化がまだ十分に先鋭でなく、中間階層が全人口中の最大多数を占めている。民族企業家・手工業者・小商人・工商業従業員・知識分子（公務員と自由職業者）・小地主・富農・中農（自作農及び一部の小作農）などは、みな今日の中間階層である。簡単に言えば、民族ブルジョワジーと小ブルジョワジーはみな今日の中国の中間階層である。これら中間階層はみな中間派の社会的基礎である。

中間派はこのように広大な社会的基礎を持っており、それゆえその政治的立場は大多数の人民の立場に立たねばならず、大多数の人民の利益を守らねばならない。大多数の人民の利益を守ろうとするならば、今日にあっては民主的で進歩的な政治路線をとらねばならない。なぜならば民主と進歩は大多数の人民に有利であるからである。中間派の政治路線は英米式の民主政治を実現しなければならないが、決して少数の特権階級（今日の中国では官僚資本家・買弁資本家と大地主である）に操られてはならず、経済上では民族資本主義を発展させ、民生の必需品の拡大再生産を奨励しなければならず、決して官僚・買弁資本の横行と発展をさせてはならず、労農大衆とすべての被雇用者の利益を擁護し、その購買力と生活水準を高めねばならない。簡単に言えば、中間派は政治上いかなる形式の一党独裁あるいは階級独裁にも反対し、いかなる外国に頼ることにも賛成しない。経済上では植民地化に反対し、客観的な条件が成熟しないときに社会主義を試行しようとすることにも賛成しない。中間派が最も注意することは、現在と近い将来ならびに遠くない将来である。中間派は高尚な理想に反対しない、しかしそれが最も重視するのは理想の実現には必ず客観的な条件をともなっていなければならず、この客観的な条件が許す範囲内で最大の努力を尽くすのである。

中間派の対内政策は三つの主要な基準を持つべきである。第一は、すべての政策が政治の民主化（軍隊の国家化を含む）と経済の工業化を促進するものでなければならない。第二は、すべての政策は絶対多数の人民の利益に考慮を払ったものであり、とりわけ民族資本家がうけいれられる程度を超えてはならない。第三は、すべての民主党派と誠意をもって合作し、民有・民治・民亨の三民主義の新中国を協力して建設するものである。

中間派の対外政策で主要なものは四点ある。第一は、連合国を支持して、世界平和を確保する。第二は、米ソ二国に対して同等の親善政策をとり、アメリカを助けて反ソをせず、ソ連を助けて反米をせず、終始独立自主の精神を持ち、米ソ合作の橋渡しをし、米ソ衝突の犠牲とはならない。第三は、日本帝国主義の侵略勢力の再起を防止し、一方では日本の民主勢力を援助し、同時に日本にたいして利害を同じくする国家と密接に連合する。第四は、植民地・半植民地の民族解放運動に同情し、援助する。ただこのような対外政策があって、はじめて我らの対内政策と結びつくことができ、我らの政治路線を完成することができてのみ、中国絶対多数の人民の利益と合致することができるのである。

中間派は断固として官僚資本家・買弁資本家と大地主に反対しなければならない。したがって彼らの政治勢力と政治党派にも反対しなければならないのである。このような政治勢力と政治党派は、民主に反対し、進歩的勢力を阻害する反動勢力であり、中間階層の利益に打撃を与えるだけでなく、絶大多数の人民の利益と国家全体の利益を損なうものである。このような反動勢力に反対することは、中間階層自身の利益のためだけでなく、同時に絶対的大多数の人民と国家全体の利益のためでもある。

中間派は下層の労苦の民衆――労働者・貧農と一切の失業者に対して、同情と扶助の態度を採らねばならない。第一には、これらの労苦の民衆はみな生産者あるいは生産者の候補であり、生産に対して功績があるか、貢献する可能性を持っており、且つ経済の発展を進め、政治と社会を進歩させるための最も重要な力であるからである。第二は、彼らの生活は最も苦しいため、その収入を増やし、その生活を改善しなければならない。中間派はただ自分の生活を改善しようとするだけでなく、これらの恵まれない人の生活を改善しようとするものでなければならない。

中間派は決してあいまいに国民党あるいは共産党に反対するのではなく、盲目的に国民党あるいは共産党に追随するのでもない。三民主義と国民党の歴史的使命から言って、大部分の国民党員はみな我らが言うところの中間派であり、少なくとも中間派の友人であるべきである。今日国民党内の民主派も我らが言うところの中間派の一部分である。しかし国民党内の頑固派は、民主に反対し、進歩を阻害し、実に今日政治的な右派となっており、決して我らの友人とはなりえない。共産党については、その今日の政策について言えば、中間派との距離は遠くないとは言え、一つには、それが終始無産者を代表する政党であると任じているために、決して民族ブルジョワジー及び一部の小ブルジョワジーの利益を代表することはできず、二つには、それが非常に明確に社会主義あるいは共産主義の実現をその最高の理想（これは共産党の優れた点であり、その弱点でもある）としていることのために、今日の政治上の左派と認めざるをえない。ただ共産党が超時代的な幼稚な政策をしようとせず、根本から私有財産と資本主義（民族資本主義）を否定しさえしなければ、共産党も中間派の友人となりうるし、さらに中間派と合作できる。中間派の国共両党に対する態度は自らの大衆の利益と、政治路線と独自の政策によって決定されるのであり、決して無原則な反対あるいは追随によるべきではない。

中間派の思想上の態度は自由主義的であるべきであり（いくらかの個人はおそらく社会主義的傾向を持っている）、いかなる思想上の統制と画一化に反対する。教条主義の信条を持たない。中間派の行動上の態度は平和的・改良的であるべきであり、暴力的・革命的な行動に賛成しない。このことから中間派の問題を解決する方法は、民主的なものであって、独断あるいは独裁に賛成しない。

上に述べたところの中間派は、私は目下の中国が最も必要としているものであると認める。民主同盟・上海人民団体連合会・民主建国会・民主促進会・三民主義同士連合会及びその他の多くの同様な性質の団体は、私はみな中間派の政治団体であると思う。これらの政治団体は、一つに連合あるいは大団結すべきであり、すべての中間派の大団結が無くては、強大な中間派の政治的力は形成できず、当面の政治問題の合理的解決はできないのである。当面の政治に関心を持つ国共両党以外の一切の民主的人士は、みな中間派の大団結を促すことに責任を持っているのである。

（民国三五・七・十一）

（『文匯報』一九四六年七月一四日）

あとがき

私が施復亮について興味を持ったのは、戦後の中国の進路を巡る中国の各政治党派のなかで一九四六年の政治協商会議の決議の方向を支持し、その実現に向けて論陣を張る理論家としての活動に注目したからであった。かれが主張するその方向とは、国民党の内戦政策に反対し、共産党の国民党に対決する抗戦にも反対し、平和的・政治的な方向で政治協商会議の決議を実現しようとするものであった。それは国民党と共産党のどの方向とも異なるもので「中間の道」といわれるものであった。施復亮はその「中間の道」のもっとも強硬な主張者であり、論説の多さにおいても他を圧倒していた。私はここに注目し、彼の「中間路線」を追求し、その過程で、抗戦以前の彼の思想がどのようなものであるかについても考究するようになった。

その一つの成果として論じたのが、"FUKUOKA UNESCO" No.14（1979.5）に掲載された「一中国人日本留学生の軌跡」（一九七九年一月執筆）であった。これはわが国における施復亮研究の最初のものであったといってよいであろう。ここではまだ資料的にも十分深く探求されてなくて、彼の経歴などについても『人名録』の域を出るものではなく、したがって誤り（たとえば施復亮が早稲田大学に留学したかのような誤り）もそのまま踏襲するといったものであった。また資料的には「悲痛中的自白」のような基本的なものもこの段階では見ることはなかった。しかしこの論文においても、二〇年代末の彼の思想および中共からの脱退のいきさつなどについては、二八年中に彼が書いた論説によって比較的的確に捉えていたといってよいであろう。それらの論説の中では、彼が「悲痛中的自白」で述べているような内容について多くを語っている。そのいくつかをあげて見てみよう。

「共産党が国民党への加入を決定したのは、もとより共産党の勢力を発展させるためではあったが、それ以上に重要であったことは、中国の現時点で一つの国民的な革命党を必要とし、すべての革命勢力を統一して帝国主義に反対することが必要だと認めたからである」。「私個人についていえば、そのときから、革命的な国民党が中国革命に絶対に必要であり、革命的な国民党があってのみ、当面のすべての革命勢力を集中することができることを承認したのである。この意思は今日に至っても変わらない。だから昨年国共が分裂したとき、私は革命勢力を集中し革命の指導権を統一する見地から、共産党を脱退し国民党を脱退しないことを考えたのである」(「城市小資産階級与民主革命」『目前中国革命問題』一一七〜一一八頁)。

また彼の国民党への傾斜を示す一つの例として、青年たちの共産党への紹介を依頼したことに対する彼の反応があるが、それについても彼は次のように述べている。「彼ら〔青年たち〕に対して国民党がよくないとしても、国民党がよくなるかどうかは、すべての国民党員の責任であるべきだと説明して」、共産党への加入の紹介を「毎回拒絶した」(「第三党問題」『中国革命的理論問題』一一八頁)。また共産党から脱退するに至った根拠の一つとして挙げられている、農民運動の行き過ぎについても次のように述べている。「各地の共産党・国民党・労働組合・農民組合の工作状況と民衆に実際の要求と力を見て」、「共産党指導者の報告に疑問を抱き、共産党の名称が一般社会と共産党の中でさえ意外な誤解を与えていることを発見した」(同上一二五頁)。「一部の民衆運動は幼稚で誤っているのを発見し」、「とりわけ農村にあっては、多くのわけのわからぬ誤解とデマをまねいて、革命の進路を妨害している」(同上一二九頁)。このような状況から、「共産党は現在の中国にあっては、すべての革命勢力を集中し、革命の指導権を統一する責任を担うことはできず、目前の政治を解決することができないと認めた」(同上一三〇頁)。それゆえ、湖北の農村地帯での中央独立師の活動から武漢に帰った後、鄧演達の主張する「国民党は二回目の改組を実行し、共産党の組織を解散し、革命の指導権を(国民党に)統一し、すべての革命勢力を集中して、非資本主義の道にむかって前進する具体的な綱領を確定する」(同上一二七頁)という意見に「ただちに賛成し」、「陳独秀先生に報告し」、「多くの人に話した」(同)のである。

このようにして共産党を脱した施復亮は一九二八年中、国民党改組派の『革命評論』において理論活動を展開していた。この時期の彼の中国革命論はどのようなものであったのか。それはまず中国が植民地であり、かつ宗法的封建社会であるとの規定に始まる。この植民地規定から中国革命が「被圧迫の民族全体の解放である」(『中国革命的理論問題』八頁)とし、その革命の指導的役割を担うものは、植民地・半植民地ではブルジョワジーもプロレタリアートも幼稚であり、数も少ないからこの革命を担う力がないとして、人民の大部分である「小ブルジョワジーと准小ブルジョワジー(過渡的な階級)つまり農民・手工業者・小商入・知識分子」などが、革命の担い手であり(同上一〇頁)、民族ブルジョワジーについては「彼らの力はきわめて薄弱であり、その多くは買弁階級から抜け出たばかりか、あるいはまだ買弁階級をかねている。(したがって)革命に積極的に参加する勇気はだんじてなく、中国革命を指導して資本主義の道に向かって進む自信も持ちえない」。ブルジョワジーは現在では「革命の戦線を離脱し、帝国主義者および封建階級と妥協するか、あるいは帝国主義と封建階級に投降してしまっている」。「だから民族ブルジョワジーは現在ではすでに革命の要素ではなく、買弁階級と封建階級同様、反動的な要素となっているのである」（同上一二一〜一二三頁）。また封建階級に対する闘争においても、「封建階級に反抗でき、民主革命を完成するものはただ、労働者・農民および都市小ブルジョワジーである」（同上一四頁）。このように彼が中国革命の主体を「労・農・小ブル」と規定するのは「中国が現在のところまだ大体において一つの小ブルジョワジーの社会である」との認識によるものであり（「城市小資産階級与民主革命」『目前中国革命問題』二二頁）、革命の性質が「全民族の解放」というものである以上、この任務の達成のためには、諸階級の「連合戦線」＝統一戦線が必要であるとの認識に基づくものであった。（施復亮がここで言うところの〝労働者〟とは、近代的な産業の労働者〈かれはこれを二〇〇万人といい中共の組織の対象と見ていた〉ではなく、数千万人の手工業労働者を指しているのである。）

ここから彼の中国革命論は革命組織について、「統一戦線党」の必要を説くことになる。「この目的を達成しようとするならば、革命的な強固な統一的大衆的な国民党を作らねばならない」（同上一一一頁）。それは「国民革命の連合戦線の党」（同上三〇頁）であり、「中国が現在必要としているものは、このような連合戦線の党であって、いかなる一階級の党でもない」（「第三党問題」『中国革命的理論問題』一三五頁）。以上から明らかなように、施復亮の中国革命論における革命の主体は統一戦線にあり、その中でも小ブルジョワジーが中心的な勢力となるものと把握されていたのである。しかもこの小ブルジョワジーの中でも、知識分子の作用は特別に重要なものとして高く評価されていた。「革命的知識分子は中国革命の中では実に重要な作用を持つ。共産党が現在知識分子にどのように反対しようとも、革命的知識分子の重要性は依然として存在している」(「読了上海学連会復課宣言之後」『目前中国革命問題』一一九頁)。

以上が、施復亮が二八年時点で展開していた論理であり、これによって私が施復亮について論じた最初の論文では、この時期の彼の中国革命論の特徴は「小ブル革命論」であると捉えたのである。この点は現在においても誤りではなかったと思っている。しかし抗日戦争後における彼の論理は〝中間派論〟として展開され、その階級的内容は「民族ブルジョワジーと小ブルジョワジー」であると規走されるに至った(「論中間派」『文匯報』)。そしてこの中でも民族ブルジョワジーが中国政治の中心的な役割を担うとする「ブルジョワ革命論」に変化していた。私の最初の論文の後半部分は戦後における彼の革命論の変化をそのまま論じただけで、その変化の要因がどこにあり、何をきっかけにしてその変化がなされたのかについては、まったく触れることができなかった。それは三〇年代から四〇年代前半にかけての資料を見ることができなかったからである。しかしその後もこの変化の要因ときっかけについては深く疑問とするところであった。

その疑問を解く鍵を与えてくれたのは、水羽信男氏から提供された三〇年代から四〇年代前半にかけてのいくつかの資料であった。これによって施復亮の空白部分であった三〇年代から四〇年代前半の思想的営みが明らかとなっただけでなく、彼の思想的変化の様相も明らかにすることができた。

こうして彼の二〇年代後半から四〇年代までにわたる約二〇年間の政治的・思想的動向について全体を通して明らかにすることができるようになった。もちろんまだ明らかにできない部分もある。それは一九三八年から四二年秋までの約四年間についてである。この間、彼の論説は見当たらない。それは彼がなんらの論説も発表しなかったからなのか、あるいは私自身が彼の資料を知りえていないためなのか、彼がこの間、なんらの論説も発表しなかったとすればその理由は何なのか、その点は不明であり、空白となっている部分である。

しかし水羽氏による資料の提供によって、抗戦初期の彼の論説（主として政治論文）と、抗戦末期における彼の論説（主として経済論文）から、彼の二〇年代末期に見られた思想的状況からの変化、中国革命における小ブルジョワジーからブルジョワジーへの役割の重視が明らかにされるようになったのである。そのことによって戦後における施復亮の「中間派論」と「中間路線論」の完成、およびそれへの固執の要因を知ることができた。

本書では、施復亮の二〇年代後半から四〇年代後半における思想的な変化の要因に主要な力点をおいて施復亮論を展開したつもりである。

なお巻末の資料については彼の思想的変化をたどることのできるものをあげたが、その翻訳については淑徳大学の内田尚孝氏のお世話になったことを記して、感謝の意を表するものである。

出版については汲古書院の石坂叡志氏および編集の飯塚美和子さんのお世話になった。記して感謝の意を表すものである。

二〇一〇年九月八日

平野　正

索　　引

人名索引

事項索引

著者紹介

平野　正（ひらの　ただし）

1933年長野県上田市に生まれる。
1956年東京大学文学部東洋史学科卒業。
1959年同大学院修士課程修了。
1960年法政大学第二高等学校教諭。
1977年西南学院大学文学部国際文化学科助教授・教授。
1999年同大学退職。同年西南学院大学名誉教授。
1999年大東文化大学国際関係学部教授。
2004年同大学退職。
文学博士

1977年『中国革命の知識人』（日中出版）
1983年『中国民主同盟の研究』、1987年『中国知識人と民主主義思想』、1988年『北京12・9運動』、2000年『中国革命と中間路線問題』（共に研究文出版）
2003年『中国民主化運動の歩み』（汲古書院）

政論家施復亮の半生

汲古選書55

二〇一〇年一一月一九日　発行

著者　平野　正
発行者　石坂叡志
印刷所　モリモト印刷㈱

発行所　汲古書院
〒102-0072　東京都千代田区飯田橋二―五―四
電話〇三（三二六五）九七六四
FAX〇三（三二二二）一八四五

ISBN978－4－7629－5055－1　C3322

汲古選書

既刊55巻

1
一言語学者の随想
服部四郎著

わが国言語学界の大御所、文化勲章受賞・東京大学名誉教授故服部先生の長年にわたる珠玉の随筆75篇を収録。透徹した知性と鋭い洞察によって、言葉の持つ意味と役割を綴る。

▼494頁／定価5097円

2
ことばと文学
田中謙二著

京都大学名誉教授田中先生の随筆集。

「ここには、わたくしの中国語乃至中国学に関する論考・雑文の類をあつめた。わたくしは〈ことば〉がむしょうに好きである。生き物さながらにうごめき、またピチピチと跳ねっ返り、そして話しかけて来る。それがたまらない。」（序文より）

▼320頁／定価3262円　好評再版

3
魯迅研究の現在
同編集委員会編

魯迅研究の第一人者、丸山昇先生の東京大学ご定年を記念する論文集を二分冊で刊行。執筆者＝北岡正子・丸尾常喜・尾崎文昭・代田智明・杉本雅子・宇野木洋・藤井省三・長堀祐造・芦田肇・白水紀子・近藤竜哉

▼326頁／定価3059円

4
魯迅と同時代人
同編集委員会編

執筆者＝伊藤徳也・佐藤普美子・小島久代・平石淑子・坂井洋史・櫻庭ゆみ子・江上幸子・佐治俊彦・下出鉄男・宮尾正樹

▼260頁／定価2548円

5・6
江馬細香詩集「湘夢遺稿」

入谷仙介監修・門玲子訳注　幕末美濃大垣藩医の娘細香の詩集。頼山陽に師事し、生涯独身を貫き、詩作に励んだ。日本の三大女流詩人の一人。

▼総602頁／⑤定価2548円／⑥定価3598円　好評再版

7
詩の芸術性とはなにか

袁行霈著・佐竹保子訳　北京大学袁教授の名著「中国古典詩歌芸術研究」の前半部分の訳。体系的な中国詩歌入門書。

▼250頁／定価2548円

8
明清文学論
船津富彦著

一連の詩話群に代表される文学批評の流れは、文人各々の思想・主張の直接の言論場として重要な意味を持つ。全体の概論に加えて李卓吾・王夫之・王漁洋・袁枚・蒲松齢等の詩話論・小説論について各論する。

▼320頁／定価3364円

9
中国近代政治思想史概説

大谷敏夫著　阿片戦争から五四運動まで、中国近代史について、最近の国際情勢と最新の研究成果をもとに概説した近代史入門。1阿片戦争2第二次阿片戦争と太平天国運動　3洋務運動等六章よりなる。付年表・索引　▼324頁／定価3262円

10
中国語文論集　語学・元雑劇篇
太田辰夫著

中国語学界の第一人者である著者の長年にわたる研究成果を全二巻にまとめた。語学篇＝近代白話文学の訓詁学的研究法等、元雑劇篇＝元刊本「看銭奴」考等。

▼450頁／定価5097円

11
中国語文論集　文学篇
太田辰夫著

本巻には文学に関する論考を収める。「紅楼夢」新探／「鏡花縁」考／「児女英雄伝」の作者と史実等。付固有名詞・語彙索引

▼350頁／定価3568円

12
中国文人論
村上哲見著

唐宋時代の韻文文学を中心に考究を重ねてきた著者が、詩・詞という高度に洗練された文学様式を育て上げ、支えてきた中国知識人の、人間類型としての特色を様々な角度から分析、解明。

▼270頁／定価3059円

13
真実と虚構——六朝文学
小尾郊一著

六朝文学における「真実を追求する精神」とはいかなるものであったか。著者積年の研究のなかから、特にこの解明に迫る論考を集めた。

▼350頁／定価3873円

14
朱子語類外任篇訳注
田中謙二著

朱子の地方赴任経験をまとめた語録。当時の施政の参考資料としても貴重な記録である。「朱子語類」の当時の口語を正確かつ平易な訳文にし、綿密な註解を加えた。

▼220頁／定価2345円

15
児戯生涯　一読書人の七十年
伊藤漱平著

元東京大学教授・前二松学舎大学長、また「紅楼夢」研究家としても有名な著者が、五十年近い教師生活のなかで書き綴った読書人の断面を随所にのぞかせながら、他方学問の厳しさを教える滋味あふれる随筆集。

▼380頁／定価4077円

16
中国古代史の視点　私の中国史学(1)

堀　敏一著　中国古代史研究の第一線で活躍されてきた著者が研究の現状と今後の課題について全二冊に分かりやすくまとめた。本書は、1時代区分論　2唐から宋への移行　3中国古代の土地政策と身分制支配　4中国古代の家族と村落の四部構成。

▼380頁／定価4077円

17
律令制と東アジア世界　私の中国史学(2)

堀　敏一著　本書は、1律令制の展開　2東アジア世界と辺境　3文化史四題の三部よりなる。中国で発達した律令制は日本を含む東アジア周辺国に大きな影響を及ぼした。東アジア世界史を一体のものとして考究する視点を提唱する著者年来の主張が展開されている。

▼360頁／定価3873円

18
陶淵明の精神生活
長谷川滋成著

詩に表れた陶淵明の日々の暮らしを10項目に分けて検討し、淵明の実像に迫る。内容＝貧窮・子供・分身・孤独・読書・風景・九日・日暮・人寿・飲酒　日常的な身の回りに詩題を求め、田園詩人として今日のために生きる姿を歌いあげ、遙かな時を越えて読むものを共感させる。

▼300頁／定価3364円

19
岸田吟香——資料から見たその一生

杉浦　正著　幕末から明治にかけて活躍した日本近代の先駆者—ドクトル・ヘボンの和英辞書編纂に協力、わが国最初の新聞を発行、目薬の製造販売を生業としつつ各種の事業の先鞭をつけ、清国に渡り国際交流に大きな足跡を残すなど、謎に満ちた波乱の生涯を資料に基づいて克明にする。

▼440頁／定価5040円

20
グリーンティーとブラックティー
中英貿易史上の中国茶

矢沢利彦著　本書は一八世紀から一九世紀後半にかけて中英貿易で取引された中国茶の物語である。当時の文献を駆使して、産地・樹種・製造法・茶の種類や運搬経路まで知られざる英国茶史の原点をあますところなく分かりやすく説明する。
▼260頁／定価3360円

21
中国茶文化と日本
布目潮渢著

近年西安西郊の法門寺地下宮殿より唐代末期の大量の美術品・茶器が出土した。文献では知られていたが唐代の皇帝が茶を愛玩していたことが証明された。長い伝統をもつ茶文化─茶器について解説し、日本への伝来と影響についても豊富な図版をもって説明する。カラー口絵4葉付
▼300頁／品切

22
中国史書論攷
澤谷昭次著

先年急逝された元山口大学教授澤谷先生の遺稿約三〇篇を刊行。東大東洋文化研究所に勤務していた時「同研究所漢籍分類目録」編纂に従事した関係から漢籍書誌学に独自の境地を拓いた。また司馬遷「史記」の研究や現代中国の分析にも一家言を持つ。
▼520頁／定価6090円

23
中国史から世界史へ　谷川道雄論

奥崎裕司著　戦後日本の中国史論争は不充分なままに終息した。それは何故か。谷川氏への共感をもとに新たな世界史像を目ざす。
▼210頁／定価2625円

24
華僑・華人史研究の現在

飯島　渉編　「現状」「視座」「展望」について15人の専家が執筆する。従来の研究を整理し、今後の研究課題を展望することにより、日本の「華僑学」の構築を企図した。
▼350頁／品切

25
近代中国の人物群像
──パーソナリティー研究──

波多野善大著　激動の中国近現代史を著者独自の歴代人物の実態に迫る研究方法で重要人物の内側から分析する。
▼536頁／定価6090円

26
古代中国と皇帝祭祀
金子修一著

中国歴代皇帝の祭礼を整理・分析することにより、皇帝支配による国家制度の実態に迫る。
▼340頁／定価3990円　好評再版

27
中国歴史小説研究
小松　謙著

元代以降高度な発達を遂げた小説そのものを分析しつつ、それを取り巻く環境の変化をたどり、形成過程を解明し、白話文学の体系を描き出す。
▼300頁／定価3465円

28
中国のユートピアと「均の理念」

山田勝芳著　中国学全般にわたってその特質を明らかにするキーワード、「均の理念」「太平」「ユートピア」に関わる諸問題を通時的に叙述。
▼260頁／定価3150円

29

陸賈『新語』の研究

福井重雅著

秦末漢初の学者、陸賈が著したとされる『新語』の真偽問題に焦点を当て、綴密な考証のもとに真実を追究する一書。付節では班彪『後伝』・蔡邕『独断』・漢代対策文書について述べる。

▼270頁／定価3150円

30

中国革命と日本・アジア

寺廣映雄著　前著『中国革命の史的展開』に続く第二論文集。全体は三部構成で、辛亥革命と孫文、西安事変と朝鮮独立運動、近代日本とアジアについて、著者独自の視点で分かりやすく俯瞰する。

▼250頁／定価3150円

31

老子の人と思想

楠山春樹著

『史記』老子伝をはじめとして、郭店本『老子』を比較検討しつつ、人間老子と書物『老子』を総括する。

▼200頁／定価2625円

32

中国砲艦『中山艦』の生涯

横山宏章著　長崎で誕生した中山艦の数奇な運命が、中国の激しく動いた歴史そのものを映し出す。

▼260頁／定価3150円

33

中国のアルバ—系譜の詩学

川合康三著　「作品を系譜のなかに置いてみると、よりよく理解できるように思われます」（あとがきより）。壮大な文学空間をいかに把握するかに挑む著者の意欲作六篇。

▼250頁／定価3150円

34

明治の碩学

三浦　叶著

著者が直接・間接に取材した明治文人の人となり、作品等についての聞き書きをまとめた一冊。今日では得難い明治詩話の数々である。

▼380頁／定価4515円

35

明代長城の群像

川越泰博著

明代の万里の長城は、中国とモンゴルを隔てる分水嶺であると同時に、内と外とを繋ぐアリーナ（舞台）でもあった。そこを往来する人々を描くことによって異民族・異文化の諸相を解明しようとする。

▼240頁／定価3150円

36

宋代庶民の女たち

柳田節子著

「宋代女子の財産権」からスタートした著者の女性史研究をたどり、その視点をあらためて問う。女性史研究の草分けによる記念碑的論集。

▼240頁／定価3150円

37

鄭氏台湾史—鄭成功三代の興亡実紀

林田芳雄著　日中混血の快男子鄭成功三代の史実—明末には忠臣・豪傑と崇められ、清代には海寇・逆賊と貶され、民国以降は民族の英雄と祭り上げられ、二三年間の台湾王国を築いた波瀾万丈の物語を一次史料をもとに台湾史の視点より描き出す。

▼330頁／定価3990円

38

中国民主化運動の歩み

——「党の指導」に抗して——

平野　正著　本書は、中国の民主化運動の過程を「党の指導」との関係で明らかにしたもので、解放直前から八〇年代までの中共の「指導」に対抗する人民大衆の民主化運動を実証的に明らかにし、加えて「中国社会主義」の特徴を概括的に論ずる。

▼264頁／定価3150円

39
中国の文章――ジャンルによる文学史

褚斌杰著／福井佳夫訳　中国における文学の種類・形態・様式である「ジャンル」の特徴を、各時代の作品に具体例をとり詳細に解説する。本書は褚斌杰著『中国古代文体概論』の日本語訳である。
▼340頁／定価4200円

40
図説中国印刷史

米山寅太郎著

静嘉堂文庫文庫長である著者が、静嘉堂文庫に蔵される貴重書を主として日本国内のみならずイギリス・中国・台湾など各地から善本の図版を集め、「見て知る中国印刷の歴史」を実現させたものである。印刷技術の発達とともに世に現れた書誌学上の用語についても言及する。
▼カラー8頁／320頁／定価3675円　好評再版

41
東方文化事業の歴史――昭和前期における日中文化交流――

山根幸夫著　義和団賠償金を基金として始められた一連の事業は、高い理想を謳いながら、実態は日本の国力を反映した「対支」というおかしなものからスタートしているのであった。著者独自の切り口で迫る。
▼260頁／定価3150円

42
竹簡が語る古代中国思想――上博楚簡研究――

浅野裕一編（執筆者＝浅野裕一・湯浅邦弘・福田哲之・竹田健二）これまでの古代思想史を大きく書き替える可能性を秘めている上海博物館蔵の〈上楚楚簡〉は何を語るのか。
▼290頁／定価3675円

43
『老子』考索

澤田多喜男著

新たに出土資料と現行本『老子』とを比較検討し、現存諸文献を精査することにより、〈老子〉なる名称の書籍は漢代のある時期から認められる。少なくとも現時点では、それ以前には出土資料にも〈老子〉なる名称の書籍はなかったことが明らかになった。
▼440頁／定価5250円

44
わたしの中国――旅・人・書冊――

多田狷介著

一九八六年から二〇〇四年にわたって発表した一〇余篇の文章を集め、三部（旅・人・書冊）に分類して一書を成す。著者と中国との交流を綴る。
▼350頁／定価4200円

45
中国火薬史――黒色火薬の発明と爆竹の変遷――

岡田　登著　火薬はいつ、どこで作られたのか。火薬の源流と変遷を解明する。口から火を吐く火戯「吐火」・隋代の火戯と爆竹・唐代の火戯と爆竹・竹筒と中国古代の練丹術・金代の観灯、爆竹・火缶……。
▼200頁／定価2625円

46
竹簡が語る古代中国思想（二）――上博楚簡研究――

浅野裕一編（執筆者＝浅野裕一・湯浅邦弘・福田哲之・竹田健二）好評既刊（汲古選書42）に続く第二弾。『上海博物館蔵戦国楚竹書』第五・第六分冊を中心とした研究を収める。
▼356頁／定価4725円

47
服部四郎　沖縄調査日記

服部　旦編・上村幸雄解説　昭和三十年、米国の統治下におかれた琉球大学に招聘された世界的言語学者が、敗戦後まもない沖縄社会を克明に記す。沖縄の真の姿が映し出される。
▼口絵8頁／300頁／定価2940円

48
出土文物からみた中国古代
宇都木章著　中国の古代社会を各時代が残したさまざまな「出土文物」を通して分かりやすく解説する。本書はＮＨＫラジオ中国語講座テキスト「出土文物からみた中国古代」を再構成したものである。
▼256頁／定価3150円

49
中国文学のチチェローネ
――中国古典歌曲の世界――
大阪大学中国文学研究室　高橋文治（代表）編　廓通いの遊蕩児が懐に忍ばせたという「十大曲」を案内人に、中国古典歌曲の世界を散策する。
▼300頁／定価3675円

50
山陝の民衆と水の暮らし
――その歴史と民俗――
森田　明著　新出資料を用い、歴史的伝統としての水利組織の実態を民衆の目線から解明する。
▼272頁／定価3150円

51
竹簡が語る古代中国思想（三）
――上博楚簡研究――

浅野裕一編（執筆者＝浅野裕一・湯浅邦弘・福田哲之・福田一也・草野友子）　好評既刊（汲古選書42・46）に続く第三弾。『上海博物館蔵戦国楚竹書』第七分冊を中心とした研究を収める。
▼430頁／定価5775円

52
曹雪芹小伝
周汝昌著　小山澄夫訳　『曹雪芹小伝』本文三十三章・付録三篇の全訳。『紅楼夢』解明に作者曹雪芹の研究が必須であることは言を俟たない。本書では章ごとに訳者による詳細な注が施される。原著・原注はもとより、この訳注が曹雪芹研究の有益な手引きとなる。伊藤漱平跋。
▼口絵4頁／620頁／定価6300円

53
李公子の謎――明の終末から現在まで――
佐藤文俊著　「李自成の乱」の大衆の味方〝李公子〟とは一体何者か。伝承発生当時から現在までの諸説を整理し、今後の展望を開く。
▼248頁／定価3150円

54
癸卯旅行記訳註――銭稲孫の母の見た世界――
銭単士釐撰　鈴木智夫解説・訳註　『癸卯旅行記』とは、近代中国の先進的女性知識人銭単士釐（せんたんしりん）が一九〇三年（一九〇三年）に外交官の夫銭恂とともに行った国外旅行の記録である。
▼262頁／定価2940円

55
政論家施復亮の半生
平野　正著
中国において一九九〇年代末より政論家施復亮が注目されるようになった。ここに施復亮の一九二〇年代から四〇年代における思想とその変化を明らかにする。
▼200頁／定価2520円

56
蘭領台湾史――オランダ治下38年の実情
林田芳雄著　三八年間に亘るオランダの統治下にあった台湾島のありのままの姿と、台湾原住民のさまざまな出来事を原住民の視点から捉え、草創期の台湾史を解明する。
▼384頁／定価4725円　近刊